岳麓经济论丛

房价波动、劳动力流动 与制造业转型升级

潘红玉　周永生　贺正楚　著

湖南大学出版社·长沙

图书在版编目（CIP）数据

房价波动、劳动力流动与制造业转型升级/潘红玉，周永生，贺正楚著．—长沙：湖南大学出版社，2021.9（2022.8 重印）

（岳麓经济论丛）

ISBN 978-7-5667-1866-2

Ⅰ.①房… Ⅱ.①潘… ②周… ③贺… Ⅲ.①房价—物价波动—研究—中国 ②劳动力流动—研究—中国 ③产业结构升级—研究—中国 Ⅳ.①F299.233.5 ②F249.21 ③F121.3

中国版本图书馆 CIP 数据核字（2019）第 279182 号

房价波动、劳动力流动与制造业转型升级
FANGJIA BODONG, LAODONGLI LIUDONG YU ZHIZAOYE ZHUANXING SHENGJI

著　　　者：	潘红玉　　周永生　　贺正楚
责任编辑：	郭　蔚　金红艳
印　　装：	河北文盛印刷有限公司
开　　本：	787 mm×1092 mm　1/16　印　张：10　字　数：233 千字
版　　次：	2021 年 9 月第 1 版　印　次：2022 年 8 月第 2 次印刷
书　　号：	ISBN 978-7-5667-1866-2
定　　价：	48.00 元

出 版 人：李文邦
出版发行：湖南大学出版社
社　　址：湖南·长沙·岳麓山　　　　邮　　编：410082
电　　话：0731-88822559（营销部），88821327（编辑室），88821006（出版部）
传　　真：0731-88822264（总编室）
网　　址：http：//www.hnupress.com
电子邮箱：549334729@qq.com

前　言

中国已成为名副其实的世界工厂和世界制造业大国，但中国制造业在产品质量水平和产业技术水平方面还面临较大的压力。影响制造业转型升级的因素有很多，包括体制机制约束、行业同质竞争、技术研发能力、人才培育、融资约束等，而其中一个重要的影响因素，就是不断升高的房价。房价的不断上涨，对制造业的发展和制造企业的生产经营都产生了较大的影响。一方面，房地产价格的上涨带动了上下游产业的快速发展，有利于制造业产业的转型与升级，提升制造业整体效率。另一方面，高房价意味着房地产行业的高利润，资本的逐利性吸引了更多的贷款和社会投资进入房地产行业，甚至部分制造业市场主体转投房地产业。制造产业投资下降和融资约束的影响，造成制造业缺乏在生产投资和创新研发方面的投入，不利于制造业的转型升级。

我国制造业的高速发展以国内低廉的劳动力以及巨大的人口红利为基础，近些年由于房价一直处于上涨的阶段，制造业企业相关的生产要素价格和制造业企业的劳动力成本持续上升。如此一来,那些靠低成本生存的制造业无法承担高房价带来的高成本,他们会选择转移和搬离。那么,这种转移和搬离究竟会为城市产业的发展带来何种结果?或许会导致城市产业的"空心化",亦或是能够为城市高附加值产业链向上攀升腾出更多的发展空间(由于房价较高的地方往往是大城市,其具有优秀的人才和完善的基础设施,会吸引更多的制造业企业纷纷向大城市聚集,且这些企业一般情况下都属于生产高附加值产品的企业),每一个城市或者每一个地区的房价水平、制造业转型升级水平都不一样,存在着差异性。那么房价的波动是否会影响制造业的转型升级?如果有影响,其影响效应的大小如何?

此外,房价的上涨会直接增加劳动力的生活成本,然而在北京、上海、广州等一线城市存在一类这样的现象:即使房价水平非常高,仍然有大量的劳动力不断流动。那么劳动力流动对制造业转型升级将产生怎样的影响?进入新时代,要实现高质量发展,亟须进一步推进制造业提质增效,破除转型升级过程中的障碍,厘清房价波动、劳动力流动在制造业转型升级过程中的作用及影响机制。尽管国内已有学者在制造业转型升级与房价波动方面做了较多研究,包括房价波动与调控政策、房价波动与宏观经济、影响制造业转型升级的因素、房价波动引起的制造业聚集与转移等,但是对于房价波动是怎样影响制造业转型升级以及房价波动如何通过劳动力流动影响制造业转型升级等缺乏深刻系统的研究。因此,本书以进入高质量发展阶段为背景，深入剖析房价波动、劳动力流动对制造业转型升级的影响机制，将对促进房地产市场平稳发展，构建房地产长效发展机制，进一步推进制造业转型升级具有重要的理论和现实意义。

本书首先回顾了房价波动的成因，房价波动对社会经济的影响，产业转型升级、房价波动对产业结构调整的影响以及房价波动对制造业产业转型升级影响的相关研究，以产业转型升级理论、劳动力流动理论、房地产经济理论以及新经济地理理论等相关理论为基础，将房价因素纳入新经济地理理论的核心—边缘模型，说明房价波动会对制造业产业转型升级产生影响。然后从成本驱动的角度出发论述了房价波动影响劳动力流动及制造业产业转型升级的内在逻辑，指出了房价波动无论是通过影响生产成本还是生活成本，都将显著影响制造业转型升级。再从质量效益、创新能力、信息技术和绿色发展四个方面构建了制造业转型升级的综合评价指标体系以测算其综合指数。基于熵权法对指标权重进行确定，利用2007—2016年29个省（自治区、直辖市）的面板数据，对中国制造业转型升级的发展水平进行测度，并对制造业转型升级的变化趋势以及各省市异质性特征进行分析。结果表明：影响中国制造业转型升级的主要因素依次是创新能力、质量效益、绿色发展和信息技术，这说明制造业在转型升级的过程中，最主要的影响因素是制造业的创新能力；中国制造业转型升级的发展水平呈稳步上升趋势，为后续制造业转型升级奠定了较好的基础；中国各省（自治区、直辖市）制造业转型升级的发展水平存在明显差异，总体而言，东部地区的制造业转型升级发展水平指数高于中西部地区的。

从房价波动与制造业转型升级的发展现状分析可知中国的房价收入比在不同省市之间存在很大的差异，结构性问题突出，表现出了"东高西低"的空间格局；制造业产值、制造业劳动力需求情况、R&D经费投入情况以及制造业产品贸易进出口额整体表现为上涨趋势，但制造业在国内的发展存在明显的行业和地区差异；房价波动与制造业转型升级之间具有一定的相关关系但并不是单纯的正相关或负相关关系，房价波动对制造业转型升级的影响存在阶段差异。

在对房价波动直接导致制造业转型升级的内在机制进行实证分析时，首先对两者进行格兰杰因果关系检验，再定量分析房价波动对制造业转型升级的线性和非线性影响，并分区域讨论相对房价对制造业转型升级的影响效应。实证结果表明：在样本数据期内，滞后期被解释变量与当期被解释变量变动方向相同，解释变量参数估计结果与理论推导的结论基本一致，即相对房价波动与制造业转型升级之间呈现出倒U形关系。当相对房价不断上涨时，制造业转型升级水平也会呈现出在拐点之前上升、拐点之后下降的趋势。研究结果为房地产过度繁荣所产生的负面效应提供了新的证据，为房价波动与制造业转型升级的联系提供了中国案例。

在劳动力流动作为中间变量的房价驱动间接引致制造业转型升级的内在机制方面，从空间视角进行了研究，分析了房地产价格和制造业转型升级在空间上的相互依赖性。还在考虑地理区位特征和社会经济特征的基础上构建了邻接权重矩阵、地理距离矩阵以及经济距离矩阵，基于这三个不同角度构建空间滞后模型和空间误差模型，分析房价波动对我国制造业转型升级的影响。得出以下结论：我国房价水平和制造业转型升级存在显著的空间相关性，具有高水平区域集中、低水平区域聚集的特点；我国房价波动对劳动力流动存在显著的非线性影响，房地产价格与制造业产业相对就业率呈倒 U 形库兹涅茨曲线关系；现阶段我国整体的房价水平对制造业转型升级产生了强烈的空间冲击效应，房价升高促使制造业产业由低端价值链向高端价值链攀升，实现了产业转型升级。但北京、上海两地房价波动与制造业转型升级之间的关系早已经跨入倒 U 形曲线的右边；制造业相对就业率的提升，有利于提高制造业相对产值，而房价的上涨最终将导致劳动力的流出，随着劳动力的持续外溢，最终将不利于制造业转型升级。

根据上述研究结果，本书认为政府应把区域位置因素和经济发展因素纳入制造业转型升级相关政策的框架之中，要因地制宜、因城制宜地制定房价分类调控政策，将制造业产业发展政策、劳动力流动政策、房价调控政策纳入统一政策体系，实现制造业产业发展、劳动力流动和房价调控的有机结合，进一步促进制造业产业的转型与升级。

目　次

1 导　论

1.1　研究背景、意义和目的

本书主要研究房价波动对中国制造业产业转型升级的影响，本章从总体上进行简要概述。首先介绍了研究背景、研究意义与研究目的，通过对选题的背景进行深入分析，引出需要研究的相关问题，并在此基础上阐述研究意义与目的；其次对相关文献进行回顾、梳理和述评，通过梳理房价波动、产业转型升级、房价波动对产业结构调整的影响以及房价波动影响制造业产业发展等相关文献，深入地了解房价波动和制造业产业转型升级的研究现状，在为研究提供有益参考的同时指出目前研究的不足，提出主要的研究方向与内容。最后对整体研究框架、研究结构、研究思路、研究方法、创新点等进行简要介绍。

1.1.1　研究背景

中国已成为名副其实的世界工厂和世界制造业第一大国。据统计，2017 年，中国制造业增加值为 242 707 亿元，占当年中国 GDP 的 29.34%，制造业成为中国国民经济支柱性产业，并且是第一大支柱产业。自从 2010 年中国制造业超越美国之后，中国成为世界制造业第一大国，无论是制造业总体规模、进出口贸易规模，还是制造业企业数量、从业人员数量、专利申请与授权数量等，在全球都占据极为重要的地位。500 多种主要的工业产品中，目前由中国生产的 200 多种产品的产量全部位居世界第一。中国依靠发展制造业，培育和发展了中国的经济体系，创造了中国的经济增长奇迹。表 1.1 和图 1.1 显示了近十年来（2007—2017 年）中国的 GDP 数值以及制造业增加值和制造业增加值占 GDP 比例的变化。

表 1.1　2007—2017 年中国的 GDP 数值以及制造业增加值

年　度	GDP/亿元	制造业增加值/亿元	制造业增加值占比/%
2007	270 232	87 466	32.37%
2008	319 516	102 539	32.09%
2009	349 081	110 118	31.55%

续表

年 度	GDP/亿元	制造业增加值/亿元	制造业增加值占比/%
2010	413 030	130 282	31.54%
2011	489 301	153 063	31.28%
2012	540 367	165 655	30.66%
2013	595 244	177 014	29.74%
2014	643 974	195 253	30.32%
2015	685 506	208 040	30.35%
2016	743 585	214 289	28.82%
2017	827 122	242 707	29.34%

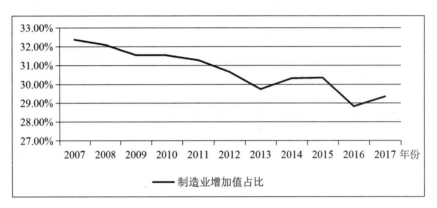

图 1.1　中国制造业增加值占 GDP 比例的曲线变化图（2007—2017 年）

尽管中国已经占据全球制造业第一大国的位置，但中国制造业还存在较多的问题：

①产业发展还是以粗放型发展方式为主，产业亟待从劳动密集型和资源密集型转型到高新技术型和智能型；

②中国制造业在全球产业价值链中长期居于中低端，产业竞争力不强；

③技术创新能力较弱，核心技术较为缺乏；

④产业工人和技术工人数量相对于企业需求出现不足，劳动力市场已经普遍出现了"用工难""技工荒"现象。

目前，中国制造业的发展更是面临严峻挑战。一方面是来自需求方面的挑战，外需这些年出现乏力现象，而来自国内的需求即内需尚未及时补上外需的需求缺口。这是因为国内消费者的消费升级还没有完成，国内消费需求对制造业的拉动作用还没有得到较好的体现。另一方面是来自供给方面的挑战。供给通过产业投资来体现，但尤为严重的是，中国近年来制造业的投资幅度逐渐下降。2012 年制造业投资额占固定资产投资比重为 33.24%，此后连续四年一直下降，到 2016 年制造业投资额占固定资产投资比重为

30.99%，该比重与十年前（2006 年）的比重相同。全球经济不景气的延续也不利于我国制造业产品出口，原材料价格的持续上涨以及劳动力成本上升还使得部分制造企业从中国沿海地区转移出去，很多制造业企业转移到了要素成本更低的地方，比如富士康就关闭了大量位于我国东部沿海地区的厂房，把企业转向我国中西部地区以及东南亚国家和印度，而越南、马来西亚、印度尼西亚等东南亚国家和印度等南亚国家成为产业转移的主要对象国，这些国家也正在迅速成为制造业新的世界工厂。目前，我国制造业一方面受到了产业转移到国外的压力，另一方面也受到来自发达国家制造业回流的挤压。尤其是 2008 年金融危机以来，世界各国纷纷出台制造业产业发展战略来提振本国的产业发展，如：德国"工业 4.0"、美国的"先进制造伙伴计划"和美国"国家制造业创新网络计划"等。发达国家的"再工业化"和"制造业回归"以及发展中国家加速推进工业化进程，形成对我国制造业的"双向挤压"，即发展中国家"中低端制造业分流"的挤压和发达国家"高端制造业回流"的挤压。从国内看，随着人口红利的逐步消失，劳动力、资金、土地、能源、物流等要素成本不断上涨，相关支撑行业产能过剩，使得制造业产业科技创新能力、资源利用效率、产业结构水平不能进一步满足高质量发展的需要，这也是我国经济内部结构性矛盾，使我国制造业由快速发展转而陷入持续低迷状态。在多重困难叠加的情况之下，我国很多制造业企业进入发展期的"寒冬"季节，发展举步维艰。与制造业发展面临的整体困境相对比，我国房地产行业的发展状况却是欣欣向荣，由于该产业的投资回报率长期居高不下，吸引了各行各业竞相进入该行业领域。公开数据显示，不少上市的制造业企业全年的产业利润，还比不上一些企业依靠几个月的时间炒几套房所带来的收入。利润为负的制造业企业，只好在年底通过突击卖房来实现利润扭亏为盈。

当前，作为供给侧结构性改革的主战场，亟须提升制造业供给的效率及质量，全面推进制造业转型升级和提质增效的任务紧迫而艰巨。影响制造业转型升级的因素有很多，包括体制机制约束、行业同质竞争、技术研发能力、人才培育、融资约束等，然而，其中一个很重要的因素就是我国不断攀升的房价。高房价对制造业产生的挤出效应同样不容忽视。一方面，大量的金融资源向房地产领域流入，挤占了制造业应有的金融资源，从而抑制制造业转型升级，还会使潜在的金融风险增加[1]。另一方面，制造业在房价快速上涨的压力下，成本在不断提高，廉价劳动力优势在逐渐降低，一些制造业企业（尤其是低端制造业企业）难以忍受高房价所带来的成本上涨压力，纷纷向低成本的地区转移。

1998 年我国政府对住房制度进行改革，标志着我国的房地产改革正式拉开帷幕，改革内容包括取消福利分房、把住宅产业培育为国民经济的增长点等一系列国家住房制度的制定。早在 2003 年，我国就选择房地产产业作为重点发展的产业，并要求把该产业培育和发展成为国民经济的支柱性产业。自此开始，我国房地产产业发展得较为繁荣，产业规模也逐渐扩大。房地产产业具有较强的产业关联效应，房地产市场的持续繁荣也带动了建筑业、建材业、金融业、家电产业以及其他相关行业的发展。这些年来，我国房地产市场呈现出爆发式的增长，房地产开发企业投资总额、房地产从业人数、商品房销售额和销售面积等指标均呈现出跨越式增长，2001—2017年，我国房地产开发投资额、商品房平均销售价格变动趋势如图1.2所示。房地产开发投资总额从2001年的6 344.11亿元增长到2017年的109 799亿元，增长了16.3倍。房地产投资在固定资产投资中的比例由1999年的1.48%迅速上升到2016年的23.47%，上涨了14.86倍。

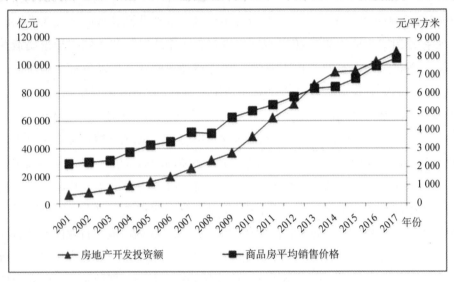

图1.2　2001—2017年我国房地产开发投资额、商品房平均销售价格变动趋势图

不可否认，房地产行业带动了我国经济增长，但同时也带来了较多问题。如一些地方政府过度依赖土地财政，对房地产行业过度投入，挤压实体行业发展等问题凸显[2]。且在现有住房规律之下，随着居民家庭财富的不断增长，会进一步拉大居民间的贫富差距，导致城市居民出现居住空间上的隔离，逐渐形成空间经济分割的现象[3]。房地产市场的火爆，带动了房价水平的非理性上涨，使其价格也极具争议。根据国家统计局相关数据显示，从2001年到2017年，我国商品房平均销售价格上涨了3.6倍，特别是以北京、上海、广州、深圳为代表的一线城市的住宅平均销售价格涨幅加快，长沙等二线城市的住宅平均销售价格也创下新高。为了抑制房价的非理性上涨，中央和地方政府都出台了一系列调控政策。然而，房价始终未能跳出"房地产调控政策放松—房价加快上涨，房地产调控政策收紧—房价上涨趋稳"的怪圈。尤其是在2016年房地产"去库存"的大政策下，热点城市房价更是大幅度上涨，商品房销售量、房价涨幅都创下了最新历史纪录。

进入新时代，要实现高质量发展，亟须进一步推进制造业提质增效，破除转型升级过程中的障碍，厘清房价波动在制造业转型升级过程中的作用及影响机制。尽管国内已有学者在制造业转型升级与房价波动方面做了较多研究，包括房价波动与调控政策、房价波动与宏观经济、房价波动引起的制造业集聚与转移等，但是关于房价波动对制造业转型升级影响的机制机理尚缺乏深刻系统的研究。因此，本书以进入高质量发展阶段为背景，深入剖析房价波动对制造业转型升级的影响机制，将对促进房地产市场平稳发展，构建房地产长效发展机制，进一步推进制造业转型升级具有重要的理论和现实意义。

1.1.2　研究意义

（1）从理论上厘清房价波动对制造业转型升级的影响机理，补充和丰富相关理论。

研究制造业转型升级的文献非常丰富，研究视角包括消费结构、技术创新、国际贸易、人力资本等。目前部分学者从不同层面和视角研究了房价波动对国民经济的影响，得出的结论大都是房地产市场的健康发展对国民经济具有正向带动作用，而房地产市场过热对其他行业产生挤出效应。虽然已经意识到房价波动会对制造业产生影响，但是理论界很少有切入房价视角来研究房价波动对制造业转型升级的影响。在高质量发展阶段下，本书研究房价波动如何影响制造业转型升级的问题是对传统房地产经济发展理论和制造业转型升级理论的深化，从产业关联、空间组织关联的角度具体分析房价波动与制造业转型升级的互动机理，这对完善区域经济学中的产业经济理论和空间组织关联理论有一定的探索价值。

（2）推进制造业转型升级，实现高质量经济发展的需要。

实体经济是供给侧结构性改革的主战场，而制造业是实体经济的主体，也是技术创新的桥头堡。因此，不断推进制造业产业转型升级是实现高质量发展的必由之路和必然选择。然而，随着房地产市场的火爆和房价持续不断的上涨，制造业企业用于厂房的租金以及用于支付制造业工人的工资也不得不大幅度上涨，由此导致我国制造业产品的生产成本大幅度上升，产品价格也随之大幅度提高，这样我国制造业的低成本生产模式就不复存在，多年来一直以价廉物美的商品打开国际市场和畅销国际市场的优势正在丧失。由于依靠低成本生产而得以生存的制造业企业，已经无法适应高成本的生产环境，只好纷纷选择搬离，转移到生产成本较为低廉的地方。此外，房价上涨直接导致劳动力生活成本的提高，会影响劳动力的不断流入与流出。本书以高房价为研究背景和出发点，运用配第-克拉克定理、刘易斯二元经济结构理论、舒尔茨人力资本理论、哈里斯-托达罗城乡劳动力流动模型等经典的劳动力流动理论，研究房价波动如何影响制造业的转型升级，有助于引导资源在产业间和区域间的合理配置，协调制造业的有效分工，避免制造业空心化、脱实向虚等现象给经济发展带来的隐患。

（3）促进房地产市场平稳发展，构建长效发展机制的需要。

房地产行业是国民经济的支柱产业，具有涉及面广、带动性强、市场分层明显等特征，房地产市场的健康发展对于带动关联产业发展、满足人民美好生活需要、改善居民消费结构、降低经济风险具有重要的意义。然而，房价在多重的政策调控和金融手段重压之下，依旧冲破重重障碍，越来越高。目前，我国的房价已经严重背离了居民的实际购买能力，对产业经济发展和人民生活带来了极大的困扰。本书研究房价波动对制造业转型升级的影响，有助于制定合理的房地产调控目标，加快建立"多主体供给、多渠道保障、租购并举的住房制度"，逐步建立房地产调控的长效机制。

（4）进一步发展先进制造业，建设现代化经济体系的需要。

中华人民共和国成立以来，建立了独立的、齐整完备的制造业工业体系，几乎能生产世界上所有同类的工业产品。然而，经济发展不充分、不平衡问题依旧存在，人口红利逐渐消失、要素成本优势逐步减少、资源环境约束日趋加紧。当前，我国经济发展已经进入了由高速增长阶段转向高质量发展阶段的新时代，要实现高质量发展，迫切需要推动经济转型升级、建设现代化经济体系。制造业是实体经济的支撑产业，先进制造业则是我国现代化经济体系建设的支柱型产业。在新工业革命时代，新的工业革命仍将发端于先进制造产业。具备现代化、先进性和前沿性的强大制造业，是先进的经济体系的构建基础，中国必须以先进制造业为支柱构建现代化经济体系。

1.1.3　研究目的

本书拟在阐释房价波动对制造业转型升级影响机制的基础上，以劳动力流动为视角，从房价波动影响居民的生活成本和企业的生产成本两个方面，系统考察房价波动对制造业转型升级的影响。

（1）对房地产行业与制造业等产业之间的协调发展关系进行重新解读。

对制造业与房地产行业之间发展协调度的把握是制造业转型升级过程中的一个重要因素，厘清房价波动与制造业转型升级之间的关系才能更好地促进房地产行业的良性发展以及为提升我国制造业产业的竞争力提供借鉴和理论支持。房地产行业与制造业协同发展才能更好地维护整个经济的稳定和活力。

（2）建立房价波动影响制造业转型升级的演化机理。

从产业转型升级理论、劳动力流动理论、房地产经济理论、新经济地理理论出发，以新经济地理理论的核心—边缘模型为基础，借鉴房价波动的中心—外围模型的思想，建立了包含房价的C—P模型，并从成本视角深入剖析房价波动通过影响居民与企业行为来对制造业转型升级机制产生的影响，指出劳动力流动对房价及制造业转型升级的重要作用，对房价波动影响制造业产业结构和就业结构的内在逻辑框架进行了论述。本书的研究不但为分析市场资源错配问题提供了一个全新的视角，而且可以为政府制定制造业产业政策和房地产相关政策提供理论上的依据。

（3）定量研究房价波动对制造业转型升级的直接影响与间接影响。

一方面对房价波动与制造业转型升级之间是否存在格兰杰因果关系进行论证，得出房价波动是制造业转型升级的格兰杰原因，并分析了房价波动对制造业转型升级的线性和非线性影响，更深入地从地区的角度探讨了各地区相对房价波动对制造业转型升级的直接影响效应；另一方面定量分析了房价波动对劳动力流动的线性和非线性影响，并更深入地从技术密集度角度讨论相对房价对不同技术制造业产业劳动力就业的具体影响路径，最终探讨了劳动力流动下房价波动对制造业转型升级的间接影响。对房价波动与制造业转型升级进行定量分析，检验了房价波动影响制造业转型升级演化机理的正确性与适用性。

（4）提出高房价背景下制造业转型升级的对策建议。

通过制定合理的房地产调控目标，构建我国房地产市场健康发展的长效机制，使房价处于合理的范围内，有效引导劳动力的流动，加快推进制造业转型升级，促进区域间制造业的分工更加合理，从而实现资源的有效配置，区域协同发展，为推进《中国制造2025》顺利实施提供坚实的保障。

1.2　国内外学者的研究

国外房地产市场发展起步早，市场化程度较高，学者对房地产市场的研究也较多，从市场供求、经济发展、环境规制、社会福利等视角研究了房价相关问题，取得了较为丰硕的研究成果。国内对房地产行业发展相关研究起步晚，随着2003年房价加速上涨，房价波动引起了学界的广泛关注，相关学者开始讨论房价波动与制造业之间的关系。本书整理和分析了房价波动的成因、房价波动对社会经济的影响、产业转型升级、房价波动对产业结构调整的影响以及房价波动对制造业产业发展的影响等相关研究，并在此基础上指出目前研究的不足，提出主要的研究方向与内容。

1.2.1　房价波动

随着房地产市场的繁荣与发展，房地产行业日益成为国民经济的基础性和先导性产业，为社会经济发展贡献了不可磨灭的作用。但是，房价的不断上涨，也造成了许多不利影响。

1.2.1.1　关于房地产是否形成泡沫的研究

随着房地产市场的飞速发展，房价已远远超出房子自身的基础价值以及人们的支付能力，此时若放任房价继续不合理暴涨，极有可能引发房地产泡沫甚至泡沫破裂[4]。因此，对房地产泡沫进行有效识别，并准确测度房地产泡沫的大小，能为房地产泡沫的控制提供理论和政策参考，学界对此展开了大量的研究。在指标选择上，选取房屋租金比、换手率、单位房价[5]、收入[6]、房价收入比[7]、商品房空置率等指标对房地产泡沫进行测度，在确定指标权重时采用熵权法、层次分析法等，在计算方法上则选用功效系数法[8]。此外，也有学者站在租金的角度研究房地产泡沫，构造房价租金泡沫比来研究房地产泡沫与租金之间的关系[9]。

学者们对于目前我国房地产市场是否已经形成泡沫有着不同的观点。有学者认为我国的房价泡沫正以较快的速度持续增长着[10]。中国房地产市场存在多重泡沫和泡沫层级扩散[11,12]。有学者根据新的城市规模划分标准，将城市划分为超大、特大和大型三类，并对这三类城市的房地产泡沫分化现象进行了测算，得出现阶段我国大型城市的房地产泡沫的内部差异程度明显高于超大和特大城市，而且大型城市中沿海城市的差异性尤其明显[13]。还有一些学者研究得出地区间的房价差异水平较大，且地区间的房地产泡沫也存在差异。我国东部地区的住房价格泡沫现象形势较为严峻，而中西部地区的房价水平处于正常范围内[14]。通过运用房价收入比，按城市所处的级别将城市划分为一、二、三线，分别对其房地产泡沫进行合理测度[15]，研究发现目前中国的房价收入比在一线城市过高，面临严峻的形势，在二线城市普遍偏高，在三线城市则处于合理范围内[16]。

1.2.1.2　关于房价波动成因的研究

土地成本是房地产的主要成本之一，因而许多学者从土改价格的角度来对房价展开研究，从而衍生出我国土地财政制度对房价的影响等方面的研究。对不同地区的地价与房价进行研究时，产生了不同的结果，如 Tse 等[17]在研究香港的房价时，发现地价和房价不具因果关系；而 Kim[18]在研究韩国的高房价时，得出高地价是高房价的原因。收入也是影响房价变动的一个重要因素，实证研究表明人均收入的跨期变动会对房价波动产生显著影响[19]，且居民的持久收入上涨也会显著影响房价[20]。在房地产市场中，由于开发商具有较高的垄断地位而缺乏降低成本的动力机制，即使房地产开发的成本很低，开发商也会把房价定在一个较高的水平。刘希模[21]认为房价持续上升的原因包括：调控政策的预期目标被实施后的负面效应冲淡、结构性矛盾未能解决、住房需求持续上升。需求因素是高房价最大的驱动力，而房价变动的一个主要原因来自土地价格变动，在需求传导机制的影响下，房价本身的滞后作用和扩散作用超过土地价格变动而成为最主要的原因[22]。进一步地，我国房价具有显著正向的空间相关性，且经济开放度对房价产生显著的正向影响[23]。除了以上因素，还有学者通过研究发现城镇化发展水平[24]、产业结构[25]、房企融资杠杆[26]、信贷规模[27]、利率[28]、房产税[29]、财政支出[7]、财政分权[30]等因素也都对房价的上涨具有一定的影响。

1.2.1.3　关于房价波动影响效应的研究

在房价与工资、收入分配方面，Wolff[31-32]指出美国家庭财富不均的主要原因在于住房价格的波动导致的收入差距。他指出，若不考虑其他因素的影响，房价的高涨会大大提高财富集中度。Checchi[33]则认为房价必定会造成收入差距的不断扩大，主要原因是年轻人需要房产作为支撑，这样他们才有动力去积累人力资本。房价与居民收入分配这两者互相影响，这种影响是正向的，且收入分配对房价的作用效果要大于房价对收入分配的作用效果[34]。有学者分东、中、西部区域研究我国房价波动与收入分配效应之间的关系，得出这两者之间存在明显的区域差异性。具体来说，我国的东、西部地区房价波动与收入差距呈现正相关关系，也就是说房价上涨会使居民之间的收入差距变大；但对于中部地区来说，房价上涨没有显著影响居民的收入差距[35]。原鹏飞等[36-37]基于动态视角展开研究，按收入等级对人群进行分类，分析房价波动对实际收入的影响，研究结果表明，房价上涨对居民的贫富分化效应产生显著影响，且房价上涨对低收入阶层来说所产生的影响更大。范红忠等[38]把居民进行分类，即分为城市居民与农民工两类，利用微观数据分析居民工资与房价之间的关系，认为房价上涨对城市居民工资产生了巨大影响，使城市居民之间的收入差距拉大，社会收入分配不均现象越来越严重，而房价上涨对农民工工资影响不大。陆铭等[39]认为房价推动型的工资增长将会导致农村劳动力过剩，从而出现过度资本深化和过快产业转型升级。高房价会扭曲要素资源配置，降低资源再配置效率，使得全要素生产率降低，最后降低中国经济的整体竞争力[40-41]。

学者还从房价对消费、储蓄、投资等方面的影响展开了大量研究。在消费方面，房价对城镇居民消费的影响分解成"财富效应"与"信贷效应"[42]，王子龙和许箫迪[43]基于房地产财富效应的测度模型，对1998—2009年我国部分大、中型城市的房地产和消费数据进行实证分析，研究结果表明，房价上涨具有明显的财富效应，并且能带来巨大的消费增长量。房价和收入差距均能对消费差距产生同向影响[44-45]，但该影响随区域和时间变动而呈现差异性[46]。房价波动对居民消费的影响在短期主要表现为对居民消费的挤出效应，在长期则主要表现为财富效应[47]。有学者研究了房价对低收入阶层、中等收入阶层以及高收入阶层家庭的消费支出的影响，得出中等收入家庭的消费支出受到的房价扭曲效应最大[48]。也有学者指出房价对消费增长具有负向影响，实证结果表明房价抬升对消费的边际影响力是负值[49]。在储蓄和投资方面，有学者研究得出不同地区的平均房价对当地的平均储蓄率的影响很小，认为房价的升高不是导致储蓄率上涨的主要因素[50-52]。但是国内的部分学者通过构建消费—房价模型，认为房价和储蓄率具有显著的相关性[53-55]，高房价可能会扭曲居民的储蓄行为和投资行为[56]。

1.2.2　产业转型升级

1.2.2.1　产业转型升级概念

（1）产业转型。

对于产业转型的概念，国内外学者分别从微观和宏观角度对其进行了阐释。从微观角度，产业转型是指资本、劳动力等生产要素在同一个行业的不同产业间的再配置，其实也就是将生产要素从衰退型产业逐渐整合，使其转向新兴产业的过程，因此，可以用三次产业比重变化或者要素投入比例变化指标作为产业转型的衡量标准[57]。从宏观角度，产业转型是指一个国家或地区在一定时期内，在国内外大环境的影响下，通过特定的政策措施，推动产业结构和布局不断优化的过程，从而使国民经济在产业结构、整体规模、技术水平、组织架构等方面都得到优化和转型[58]。总的来说，产业转型的内涵相当丰富，在产业整体布局、产业内部优化以及空间内其他主体的协调发展等方面均有涉及。具体包括在发展方式[59]、产业结构[60-66]、产业空间[67-68]、产业组织[69-71]等方面发生显著变化。

（2）产业转型升级。

国内外学者对产业转型升级的概念与内涵还没有形成统一的认识，但是他们对产业转型升级的研究是一脉相承的。一般来说，产业转型升级可以分为产业间升级和产业内升级两种，主要是指一个国家或地区的产业由低附加值产品生产向高附加值产品生产变化的过程[72]。Porter[73]以国际贸易理论为基础，认为具有要素禀赋优势才能够逐渐实现产业从劳动、资源密集型，向资本、技术密集型转变。企业对其自身的创新能力进行提高也是实现产业转型升级的过程，产业转型升级包括产品层面升级（如产品由棉衬衫转化为西服）、经济活动层面升级（由参与简单的经济活动向复杂生产、营销、设计等活动转化）、产业内升级（由制造终端产品向在价值链中具有前、后连锁且价值较高的商品和服务生产转化）和产业间升级（如由衣服转化为汽车，再转化为计算机）等方面，且产业转型升级的过程是非线性的[74-75]。产业转型升级是公司快速适应外部环境的过程，并不是简单地从低到高的发展过程，从而有产业转型升级（顺应环境的改变）与降级（逆潮流而行的做法）之分[76]。宏观上的产业转型升级以全球价值链理论为基础，产业转型升级的核心内容是产业结构的演进，从技术水平看是由低技术水平向高技术水平的演变趋势，从附加值看是由低附加值状态向高附加值状态的演变趋势[77]。微观上的产业转型升级则以生产要素的转移为基础，认为产业转型升级是制造企业从低价值产品转向高价值产品，或者说是从生产劳动密集型向生产资本或技术密集型的转换过程[78]。

国内提出"产业转型升级"概念的研究起始于20世纪80年代，与国外几乎同步，之前对于"产业转型升级"的理解停留在宏观的"产业结构调整"层面[79-80]。后来，国内学者就产业转型升级的概念进行了拓展研究[81-84]，且主要沿着"产业结构调整"思路和"价值链升级"思路两条路径展开[85]。产业转型升级是指产业不断适应社会需求，持续进行技术创新及能力培育的过程[86]，其包含产业结构升级、产业深化发展[87]、产业素质效率的提高[88]。王国平[89]提出产业链升级是产业转型升级的根本，改造升级、创新升级和并购升级是产业链升级的内容。还有学者将产业转型升级分成生产升级（包括投入升级、产出升级和技术升级）、生产组织升级以及市场升级三类[90]。由此可见，很难绝对区分产业转型和产业转型升级，它们在一定程度上具有相似性，均是指产业在结构、组织以及不同层面上发生显著变化的状态或过程（由低附加值的一端转向高附加值的一端）。因此，本书对产业转型与产业转型升级没有进行严格的区分，并以产业转型升级这一概念展开相应的研究。

1.2.2.2 制造业转型升级的相关研究

（1）制造业转型升级的影响因素。

了解产业结构升级的关键影响因素是研究产业转型升级的一个突破口，能为今后产业转型升级做出有效指导。就制造业产业结构升级的影响因素，国内学者做了大量研究，如从人口红利[91]、人口老龄化[92]、劳动力成本[93-97]、外来技术与企业生产的创新性融合[98]、企业规模[99]、政府的推动作用[100]、营销能力[101]、环境规制[102-108]等因素出发，研究其对制造业产业结构升级的影响。其中，创新驱动产业转型升级是学者研究的重点[109-111]，在这一方面具有非常丰富的科研成果。企业创新能力是企业转型升级最为重要的影响因素[99]，只有依靠技术进步与创新才能促进中国制造业从制造业集聚的世界工厂（全球制造业中心）转向全球制造业创新中心[112]，且资源约束因素和战略因素是制造业管理创新的特性驱动因素[113]。此外，周长富和杜宇玮[108]研究发现企业价值链的升级可以帮助企业有效摆脱对外需的依赖。

（2）制造业转型升级的测度。

目前学术界关于制造业产业转型升级的测度方法主要有：①公式测算法。通过对产业转型升级进行测度来量化产业转型升级水平。产业转型升级的测度主要从产业转型升级方向和速度两方面来进行[114]，产业结构超前系数测度产业转型升级方向，产业间的劳动力转移测度产业转型升级速度[115]。②单一指标法。是指只选择某一指标对产业转型升级进行评价，其优点是计算简单结果明了，缺点是所包含的信息量比较少，并不能对产业转型升级进行全面的评价。如王志华和陈圻[116]通过索洛残差法对江苏制造业全要素生产率增长率进行估算，指出在制造业产出的贡献率方面，最高的是技术进步，最低的是劳动要素。③综合评价法。是指从多个方面选取指标来构建指标体系，用以反映制造业转型升级水平。例如，李子伦[117]从技术进步、资源、人力资本方面构建指标体系来衡量产业结构升级；毛蕴诗和吴瑶[118]选择了企业生产效率指标用来反映企业转型升级的发展水平；孙理军和严良[119]从经济升级状况、社会升级状况和环境升级状况三个方面对制造业经济升级绩效进行测度。

（3）制造业转型升级的路径。

目前，很多学者从价值链的角度探讨了区域制造业转型升级的路径，得出制造业正向两端攀升的结论[120]。从对制造业转型升级进行研究的其他角度方面，安同信等[121]运用 SWOT 分析法，在借鉴日本经验的基础上，通过完善制造业产业发展规划及产业布局、推进制造业科技的自主创新、完善招商引资方式、合理利用市场机制、健全制造业生产服务体系等措施促进山东省制造业转型升级。注重制造业发展质量内部经济发展质量系统、效率系统和动力系统的平衡发展[122]，通过关键领域的创新和重点工程建设，稳定优势行业[123]，构建集群创新网络[124]、创新对外投资方式[125]、加快推动自身战略性新兴产业和高技术产业发展[126]等也是制造业转型升级发展的有效路径。金青等[127]采用案例研究方法，提出了三类企业转型升级路径，分别是从零部件制造商向整套产品和服务提供商转型、从低品质向高品质升级、提供阶段性服务的升级路径。产品升级、设备更新、地理转移和组织管理改进是各国普遍采用的典型产业转型升级路径[128]。肖国安和张志彬[129]分析了生产性服务业发展对我国工业转型升级的影响，提出通过加快行业体制改革和市场体系建设来促进生产性服务业发展，从而推动我国工业的转型升级。

1.2.3　关于房价波动影响产业结构调整的文献回顾

产业结构是一国经济结构动力研究的内容之一，产业结构调整有利于经济增长[130]。关于房地产价格与产业结构调整之间关系的研究，可以从以下几个方面展开：一是基于劳动力流动的视角，二是基于企业生产成本的视角，三是基于金融发展的视角，四是基于其他方面的视角。

1.2.3.1　基于劳动力流动的视角

作为产业发展与转型升级必不可少的要素之一，劳动力的流动和聚集会对产业发展产生不可忽略的作用，且不同类型的劳动聚集对不同类型产业发展产生不同影响。房价的形成从根本上来说是市场作用机制的结果，因而作为市场行为的外在表现，房价波动也会诱发劳动力等要素流动[131-133]。埃尔普曼指出，区域房价过高抑制本地区劳动力聚集，导致劳动力往其他区域流动或扩散。随后，有学者分别使用英国、德国和美国的数据证实了埃尔普曼的结论[134-136]。

高波等[83]建立了引入房价因素的核心—边缘模型，也就是在同一个框架下加入了房价、劳动力流动、产业转移和产业转型升级等内容，研究发现区域房价差异促进劳动力流动，劳动力流动又诱发产业在我国东、中、西部地区进行转移，产业转移又使得各区域产业向产业价值链高端攀升，最终推动了产业结构升级。有学者基于异质性劳动力假设按照不同标准对劳动力进行分类，并站在消费的视角研究了"房价波动—异质性劳动力流动—产业结构变迁"的逻辑机理。实证研究表明，房价的上涨对普通劳动者和高技术人才的影响是不同的。具体来说，城市相对房价上涨使得普通劳动力向外流出，而高技术人才则会不断流入形成集聚效应。劳动力的流动使城市和区域的劳动力结构产生变化，进而对产业的迁移和布局产生影响[137-138]。刘志伟[139]则重点考察了房价与劳动力流动、第三产业发展的关系，得出相对房价升高会导致就业率的下降，挤出部分低技术、低附加值的劳动密集型企业，同时促使部分企业转入高技术、高附加值领域，从而推进区域产业结构升级。还有学者研究发现过高的房价会抑制第二产业的就业和产出，房价和工资的共同作用促进区域产业结构调整[140]。

1.2.3.2 基于企业生产成本的视角

生产经营活动中企业所投入的各种要素资源的货币价值就是企业的生产成本，如劳动力成本变动，企业厂房、设备等制造费用支出的变动[141-142]。土地成本是商务成本的重要组成部分，能直接影响产业转移和产业转型升级[143]。作为稀缺的自然资源，土地的地域空间流动具有相对稳定性，企业集聚会使得土地价格上涨，从而增加企业的生产成本，一些企业为了自身的发展，会把企业转向中西部地区[144-145]。通过比较劳动力成本和土地成本对产业转移所产生的作用，得出国家之间产业转移的直接动因是工资差距，但在国内地区之间产业转移中，地价差距产生的推动力比工资差距产生的推动力更强[146]。

在企业生产成本变动与区域转移以及区域产业转型升级的影响关系中，部分学者认为企业生产成本的上升推动区域间产业转移或者区域内产业转型升级[147]。如有学者基于空间经济学理论，对中国 2000—2012 年 37 个大、中城市进行实证的结果表明，相对劳动力上升对第二产业具有微弱的增促作用，对第三产业的发展则具有明显的"挤入效应"[148]。随着我国劳动力等生产要素成本的比较优势发生动态转移，产业转移与升级随之产生，东部地区应当依托区位优势发展高技术产业实现产业转型升级，中西部地区则依靠自身要素成本优势，承接产业转移[149-151]。此外，也有文献指出产业在区域间的转移会受到沉没成本、地缘联系、制度安排等因素的影响，因而地区间生产成本差异对产业迁移的影响不显著[152-153]。李娅和伏润民[154]则基于中心—外围理论，对中间产品模型进行修正，构建了东、西部不对称资源禀赋优势系数，并进行了数值模拟分析，得出中国产业发生转移的关键因素是运输成本，产业转移还需要较多地依赖于政策导向等外生力量的作用。

1.2.3.3 基于金融发展的视角

实体经济是经济发展的基石，也是金融发展的基础。金融发展则是现代经济体系的核心，也是实体经济发展的血液，对于资源配置和产业结构变动具有不可替代的作用[155-156]。金融发展主要通过金融规模效应渠道和金融结构效应渠道这两个渠道影响经济增长[157]，因此良好的金融环境是实体经济获得金融服务的重要保障[158]。在一个完善的金融市场体系中，金融发展能通过提高"储蓄—投资"的转换效率，大力支持科技创新等渠道来促进产业结构升级[159-162]。同时，有序的金融市场还能有效改善信息不对称的现象，将有限的资金投向最有竞争力和创新能力的行业，实现资源的优化配置。然而，在房地产市场持续繁荣的阶段，过多的资金流向房地产行业，挤压了实体经济部门的融资规模。一般而言，企业技术创新与技术升级需要大量资金，这些资金无外乎来自两个渠道：一个是企业自有资金，另一个是外部融资。在单个企业自有资金无法满足技术升级需求时，外部融资涌入房地产行业导致的融资约束会阻碍制造业企业的转型与升级[163-164]。由此看来，金融发展通过与科技创新深度融合，引导资金与资源配置，从而支持产业发展[165]，金融更是产业结构升级的重要实现机制[166]。在研究方法上，徐俊杰、汪浩瀚[167]选用 Geweke 因果分解检验和协整检验来研究金融发展与产业结构升级的关系；王立国和赵婉好[168-169]基于全国层面的数据，构建了金融发展与产业结构之间的 VAR 模型并进行了实证检验；还有学者将金融发展分成金融效率和金融规模两个维度，分析中国金融发展对于产业结构的影响[170]。金融结构反映金融发展的程度，金融结构不合理也会阻碍产业结构转型升级的步伐[171]。这一结论得到了很多研究的论证，产业结构升级需要良好的金融环境做支撑。有学者基于汉森门槛模型研究得出金融发展与产业结构升级之间呈现出倒 U 形非线性相关关系，且这种关系呈现出显著的地区差异[172]。

1.2.3.4　基于其他方面的视角

产业结构升级一直以来是学界和政府关注的重点课题，党的十九大报告明确提出"支持传统产业优化升级"，已有大量学者对此展开了研究。在产业结构与经济增长关系方面，有学者利用 2000—2013 年我国 31 个省级面板数据对二者关系进行实证研究，研究结果表明了产业结构升级对经济增长有显著正向影响[173]。有学者站在城镇化的角度，分析房价与产业结构升级的传导机制关系，实证分析得出城镇化与房价都促进了产业结构升级[174]。李鹏和汪玥琦[175]从生产者的区位选择出发，分东、中、西三地区研究公共品投入、房价对第二、三产业产出情况的影响，得出东部地区相对于中西部地区而言，在第二、三产业的产出水平具有明显的优势。从劳动力的效用角度来看，房价水平会影响劳动力成本，房价上涨会增加企业成本、压缩企业利润，当房价上涨到某一阶段时，企业将会选择转移[176]。Tabuchi[177]在 Krugman[178]的 NEG 模型中加入了土地租金模型，分析发现过高的通勤成本和过高的房价水平会对产业在该区域的集聚产生抑制作用。

1.2.4　关于房价波动影响制造业产业发展的文献回顾

房地产不但具有消费品的属性，而且具有投资品的属性，那么，房价波动影响制造业发展主要是通过财富效应、挤出效应来影响其市场的需求基础与结构来实现。

1.2.4.1　房价波动对制造业产生的财富效应与挤出效应

房价波动所产生的财富效应表现在消费者对制造品的消费潜力方面。学者们以永久性收入假说、生命周期假说与随机游走假说为基础，考察房价上涨所产生的财富效应，能够促进居民对制造品的消费[179]，但所产生的财富效应具有时变性，会随着时间的推进而逐步减弱[180]，并对房价上涨如何影响消费的传导渠道进行了归纳总结[181-183]。如房价上涨通过影响家庭的资产总额与资产结构，进而改变居民的消费方式[184]。在对金融资产与住房资产之间财富效应的比较研究当中，金融资产所产生的财富效应小于住房资产所产生的财富效应[185]。若房地产财富效应存在，会明显提升房产拥有者的消费能力，那么他们对制造业商品的需求也会不断扩大，制造业发展的市场潜力得到提升，最终推动制造业的发展。

房价波动对制造业产生挤出效应表现在投资方面[186]，这可能会导致制造业的空心化[187]。房地产投资在东部沿海区域的挤出效应表现得最为明显[188]。在促成相关传统制造业繁荣的同时[189]，房地产投资会对高新技术产业投资产生挤出效应，对制造业的升级产生负面影响[190]。目前，对中国房地产市场与实体经济之间所存在的复杂关系的研究较为丰富，房地产市场发展将抑制工业企业（制造业部门）的资源配置效率，即房地产市场发展越繁荣，实体经济企业的生产率越会下降[40,186]。由于银行贷款等资金绝大部分都流向了短期投资回报率高的房地产企业，那么，在社会总资金一定的情况下，流向制造业企业的资金数量会减少，或者其获取资金的成本会上升，使其他产业和部门的投资受到不好的影响，最终可造成实体产业的空心化[191-194]。房地产价格的快速上涨也吸引了大量工业企业资本的进入。工业企业的研究开发项目也需要大量的资金，如果其将有限的资源投入了房地产，那么项目的研究开发势必受到影响[195]。基于2002—2007中国制造业企业的非平衡面板数据以及35个大、中型城市的数据，分析房地产价格与制造企业出口行为之间的关系，得出了房地产价格的上涨不利于制造企业的出口规模的结论[196]。有学者以全国35个大、中城市2001—2008年的非房地产上市企业为样本，分析房地产价格的上涨是否会吸引非房地产企业进入房地产行业[197]。运用Heckman两阶段模型，以35个大、中城市的工业企业数据为基础，分析房价上涨对企业出口的影响，研究结果显示：房价上涨对企业的出口数量有促进作用，但对出口产品价格和出口技术复杂度的提高、企业出口市场的扩张以及企业出口产品种类的增加均没有产生明显的正向影响[198]。如果任由房价这样上涨下去，中国的制造业企业永远无法从国际产业链中所处的低端位置走出来，将来房地产市场一旦发生逆转，必将影响整个国民经济。

1.2.4.2 房价波动与制造业其他方面的研究

房地产行业产业链长、牵扯面广，能带动多个产业的发展[199-202]。王国军和刘水杏[203]基于投入产出模型测算了房地产行业和其他行业的关联系数，结果表明房地产行业每增加1单位产值，对各产业的总带动效应为1.146，具有较强的带动效应。

有学者基于区位基尼系数和地理集中度测算我国制造业21个行业1997—2013年的集聚水平，深入分析我国制造业所具有的集聚特征与变化趋势，并结合全局莫兰指数（Moran's I）探究我国制造业的空间关联模式[204]。各级政府越来越认可产业集聚的正外部性，为达到1+1>2的效果，政府通过推动邻近地区经济一体化来促进有序的产业集聚。那么，中国制造业集聚程度的提高是否会导致高房价？有学者分别研究劳动密集型制造业集聚与资本技术密集型制造业集聚对房价的影响，得出前者会抑制房价上涨，而后者会促进房价上涨[205]。崔凌云[206]分析了山东省制造业集聚的特征并采用空间杜宾面板模型测算了资本投入、劳动投入、制造业集聚以及房价上涨对制造业产出的空间效应。国内学者还得出生产性服务业与制造业之间存在着协同集聚现象[207]，而生产性服务业集聚对制造业转型升级的促进作用，不仅在本地区制造业转型升级水平上能够得以体现，还能对周边区域的制造业转型升级产生正向的空间外溢效应[208]。

制造业是实体经济的主体，而房地产行业的投资属性使其具备虚拟经济特征。这两种产业的区域发展会带动实体经济因素和虚拟经济因素之间相互作用，从而对区域经济的稳定和持续发展产生重要影响。有学者对中国城市房价与制造业部门区位分布的关系进行了研究，结果显现城市房价不断高涨并没有迫使制造业部门发生大规模的城市间迁移，制造业的迁移更可能是由中心城区迁向外围区县[209]。产业空间分布的合理性对城市与区域的产业结构、地域分工程度以及产业的可持续发展产生重要影响。有学者基于房价水平、交通成本变动对制造业区位分布影响进行研究发现：占用土地面积较大的制造业企业向外转移不但可以抵消掉一部分来自房价上涨的压力，而且可为具有更高附加值的生产性服务业的发展创造条件[210]。

1.2.5 文献述评

通过对上述文献的分析可知，大部分文献主要从房价波动的影响因素和影响效应两个方面进行研究，且主要从供给与需求、政府的行为、经济环境、对未来的预期等方面对高房价的影响因素进行分析，并从工资、收入分配、消费、投资和储蓄等方面分析房价波动的影响效应。关于产业转型升级的研究主要包括产业转型升级的概念、制造业转型升级的测算、影响因素、发展路径等方面。本书的研究不区分产业转型升级和产业转型，制造业转型升级的影响因素、测度的方法有很多，研究者运用不同的方法测算的制造业转型升级综合指数的适应性也不相同。关于房价波动对产业结构调整的影响的研究中，大部分认为房价波动通过改变劳动力的生活成本或企业生产成本间接影响产业结构调整。但是，大部分学者在研究时都是将这种关联关系分成"房价—劳动力（企业成本）"或者"劳动力（企业成本）—产业结构调整"进行单独探讨，由此得出来的结果也是单一不变的。从房价与制造业发展方面的研究中可知房价波动通过财富效应、挤出效应等影响制造业发展的市场需求基础与结构。总之，虽然已有文献讨论了房价波动对产业结构升级、房价波动对制造业发展的影响，但鲜有研究从动态视角来说明房价波动对制造业产业转型升级的影响。从研究方法看，多数文献采用经典面板模型对其研究对象进行线性回归分析，而采用非线性回归分析的实证文献相对较少。根据线性回归分析，一般得出高房价不利于制造业产业发展的线性关系结论。而根据非线性回归分析，一般可得出高房价与制造业产业发展之间存在非线性作用规律的结论，或通过非线性回归分析探讨高房价对制造业产业发展的门槛效应。已有的文献还存在如下不足：其一，较少有文献研究房价波动对制造业转型升级的影响，而且一般是研究房价波动通过影响其他因素从而对制造业转型升级产生作用。鲜有学者对房价波动与制造业转型升级之间的直接影响效应进行探讨。其二，未重视从供给侧分析房价波动对制造业转型升级机制的影响。如房价通过土地、劳动力等要素价格来影响制造业企业生产成本，从而对制造业分工和价值链升级的机制产生影响。其三，较少关注房价波动与制造业转型升级之间所存在的区域差异与结构差异，更缺乏从劳动力流动视角系统探讨房价波动影响制造业转型升级的空间效应的研究。总之，从整体上分析，不管是房价波动影响制造业转型升级的理论研究还是房价波动影响制造业转型升级的实证研究均待进一步系统化。因此，本书以劳动力流动为视角，从房价波动影响居民的生活成本和企业的生产成本两个方面对房价波动与制造业转型升级的关系进行理论分析，并以全国层面的面板数据为基础，用系统 GMM、空间计量等方法，实证分析房价波动与制造业转型升级之间的关系。

1.3　研究的主要内容

改革开放以来，我国经济增长迅速，这主要是依靠在中国制造业领域创造的产业发展奇迹，而这一经济奇迹的创造，主要归功于我国的人口红利。我国制造业企业长期保持劳动力低成本的优势，制造业产品价廉物美，在国内外市场具备价格竞争优势。近年来，随着人口老龄化时代的到来，制造业从业人员数量出现短缺，制造业就业人员人工成本不断上涨，在中国大陆生产的制造业产品，其关于人工成本的支出就已经大大超过东南亚部分国家和地区①。再加上资本和土地等生产要素的价格也在不断上涨，我国制造业产品的价格比较优势已经不再具备。我国制造业产品人工成本的不断上涨，很大一部分原因来自不断上涨的房价和持续的高房价。高房价一方面拉高了劳动力成本，增加了企业的支出，压缩了企业利润，抬高了制造业产品的价格；另一方面影响劳动力在区域之间的流动和在产业就业方向的流向。无论是制造业企业支出的增加和利润的减少，还是劳动力选择在制造业企业之外的产业领域就业，都必将对制造业转型升级带来较大的影响。因此，依据劳动力成本有关理论，从劳动力成本视角论述房价波动对劳动力价格变动的影响，再通过劳动力这一重要的生产要素价格变化以及劳动力流动和流向，来研究它们对制造业转型升级的影响。

---

　　①　我国人口红利变化可分为三个阶段：第一阶段为 1982—2000 年，该阶段是人口红利贡献最大的时期，人口红利对我国经济增长起了很大的作用；第二阶段为 2000—2013 年，人口红利贡献开始减弱，尤其是 2010 年，我国劳动力人群（15~64 岁）占比达到高点，随后开始下滑；第三阶段为 2014—2050 年，我国人口红利已经为负，2014 年我国 65 岁以上人口占比达到 10%，我国已经成为严重老龄化的国家。

（1）房价波动影响制造业产业转型升级的理论基础与机理分析。首先叙述了产业转型升级理论、新经济地理理论、劳动力流动理论、房地产经济理论等相关理论知识。再结合文章的经济背景对核心—边缘模型进行修正，为实证研究部分提供理论指导和支撑。

（2）中国制造业转型升级水平综合指数的测算。从质量效益、创新能力、信息技术和绿色发展等 4 个维度，设计了包含 4 个准则层、15 个具体指标的制造业转型升级发展水平的指标体系。然后，采用统计学中的熵权法测度了制造业转型升级发展水平的综合指数并进行横向和纵向比较。

（3）房价波动与制造业产业转型升级的现状与特征。定性分析我国房价变动与我国制造业发展现状与特征。只有研究两者的发展现状才能将理论与实际有机结合起来，才能更好地提出切实可行的政策性建议。

（4）房价波动影响制造业产业转型升级的实证分析。从宏观层面测度房价波动与制造业转型升级的因果关系；在不加入控制变量、加入控制变量以及房价的平方项的情况下，探讨房价波动对制造业转型升级的影响路径，并利用分地区数据进行分样本检验；以制造业结构高度化指数作为制造业转型升级的替代变量，以房价收入比作为房价的替代变量，对上述相关关系进行实证检验。

（5）房价波动、劳动力流动与制造业产业转型升级——基于空间计量模型分析。分析我国房价波动与制造业转型升级的空间自相关情况，再根据空间滞后模型（SAR）和空间误差模型（SEM）所建立的空间计量模型进行估计。

（6）政策建议与研究展望。将区域选址因素和经济发展因素纳入制造业转型升级相关政策框架之中，并结合房价调控目标以及制造产业布局目标，从五个方面提出政策建议以促进制造业产业转型升级。

1.4 研究方法与路线

1.4.1 研究方法

（1）理论分析。

查阅、梳理、总结国内外相关文献。本书主要参考了与主题相关的产业转型升级理论、劳动力流动理论、房地产经济理论、新经济地理理论，并从劳动力流动视角、企业成本视角对房价波动影响制造业转型升级的机理进行分析，为高房价背景下制造业转型升级的实证研究奠定理论基础，提供理论指导思路。

（2）熵权法。

该方法是统计学中计算指标权重的一种方法，本书第 3 章在测算我国制造业转型升级水平时主要采用这种方法，构建了制造业转型升级能力测度指标体系，并对不同省（市）的制造业转型升级水平进行比较分析。

（3）实证分析。

在一定的经济学理论假说下，对变量间的因果关系进行考察的同时，又对经济现象及经济行为进行描述的方法。在建立了房价波动影响制造业转型升级的逻辑框架的基础上，通过借助大量的统计样本数据进行实证分析与检验，使得出的实证结果能支撑上述理论逻辑框架。其一，不同区域分组分类实证。按区域分类，对不同省市和区域的房价数据与制造业产业数据进行收集，采用了计量经济学中的动态面板模型、工具变量法等研究房价波动对制造业转型升级的直接影响效应，并对该效应进行了分区域分样本检验。其二，不同类型计量模型层层递进检验。即首先构建动态面板模型，然后构建空间计量模型。

（4）比较分析。

既有纵向比较分析也有横向比较分析，纵向比较了房价与制造业转型升级的发展变化情况，横向比较了全国以及不同区域层面房价波动对制造业转型升级产生的影响，为归纳出通过房地产市场调控促进制造业转型升级的一般性经验奠定基础。

（5）静态分析与动态分析相结合的分析方法。

在分析房价波动所产生的经济影响效应时，要从房地产商品属性的角度来看待房价的特性，静态分析房价波动与居民生活成本之间的关系；还要从房价变动这一动态视角分析其对制造业企业生产所产生的影响。本书充分运用静动结合的方法，全面阐述了房价上涨引起生活成本与制造业企业生产成本增加的影响机制。

（6）定性分析与定量分析相结合的分析方法。

在研究房价波动与制造业转型升级时，本书先从定性研究的数据出发，指出房价波动、劳动力流动和制造业产业转型升级这些相关变量之间存在的内在联系和相关关系，再采用定量研究方法，定量分析房价波动和劳动力流动这两个变量间的影响关系，以及房价波动和制造业产业转型升级这两个变量间的影响关系。

1.4.2　技术路线

本书研究的主要问题是"房价波动影响产业转型升级的机理及对策研究——以制造业为例"。着重论述房价波动、劳动力流动与制造业转型升级的演化路径，借鉴核心—边缘模型分析房价波动对制造业转型升级的影响机理，在此基础上论证房价上涨对制造业转型升级的直接影响效应，论证房价上涨通过劳动力流动间接影响制造业转型升级的效应。最后基于实证结果，提出相关政策建议。本书的技术路线，参见图1.3。

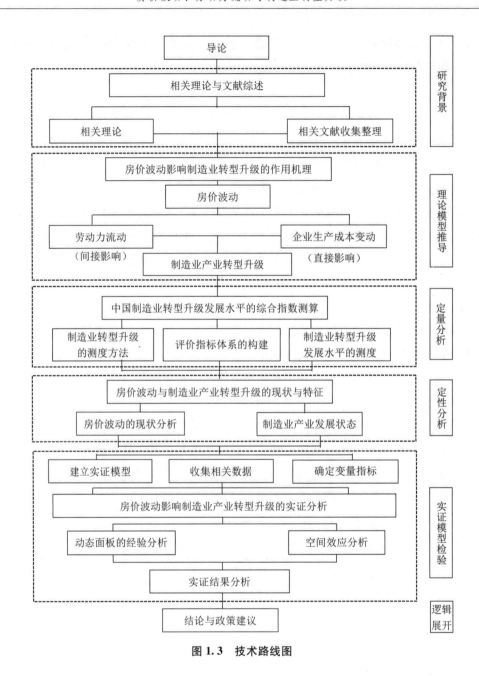

图 1.3　技术路线图

1.5　研究的创新点

通过对国内外文献的回顾可以看到，尽管对房地产与制造业之间关系的研究相当丰富，但对于房价波动影响制造业转型升级的理论与实证研究还不足。本书结合理论与实证方法，展开系统深刻的研究，创新之处主要在以下四个方面。

其一，学者在对制造业转型升级的影响机制进行探讨的时候，较少从房价的视角进行分析，更少有学者定性与定量分析相结合来研究房价波动与制造业转型升级之间的关系。本书的研究是对制造业转型升级影响机制的一个重要补充，从而为当前制造业转型升级为何存在困境提供解释的理论视角和逻辑思路。

其二，房价波动影响制造业发展的研究主要集中在产品市场和信贷市场，而本书把房价引入新经济地理理论的核心—边缘模型，分析房价波动对劳动力流动的影响以及制造业转型升级的影响，不但完善了行业间影响的理论体系，还提供从供给侧研究房价波动影响制造业转型升级的思路。在高房价短期难以逆转的趋势下，构建"多主体供应、多渠道保障、租购并举"的住房制度缓解用工难题，能够有效控制劳动力区际流动趋势，为制造业转型升级赢得发展的时间和空间。

其三，对相关指标进行了优化选择，从而更好地与内在理论逻辑相呼应，能够更好地解释相关现象。如在制造业转型升级水平的测度方面，从质量效益、创新能力、信息技术以及绿色发展等中选取 15 个指标，使测度结果更合理。在房价波动影响制造业转型升级的直接和间接路径中，均加入了房价的二次项以考察房价与制造业转型升级的关系，说明了房价波动的作用是存在拐点的，与现实中出现的情况是相符合的。

其四，已有文献大部分都是基于全样本数据，站在分地区或者分行业的视角对房价波动与制造业产生发展之间的关系进行梯度分析，不仅考虑了这种一般性的梯度推进视角，而且在原有文献基础上从不同类型计量模型视角进行了层层递进检验，即先构建动态面板模型，再构建空间计量模型，这样可以使结果更为科学和客观。

1.6 本章小结

本章分析了房价波动对中国制造业转型升级的影响的研究背景，理论与现实两方面的研究意义，在回顾了关于房价波动的成因、房价波动对社会经济的影响、产业转型升级、房价波动对产业结构调整的影响以及房价波动对制造业产业的发展影响等相关研究，在明确现有研究的不足后，确定了研究的方向，并简要介绍研究内容和创新点等。

2 房价波动影响制造业产业转型升级的理论基础与机理分析

本章首先对产业转型升级理论、劳动力流动理论、房地产经济理论、新经济地理理论等进行梳理和分析。然后分析了房价波动影响制造业产业转型升级的机理，一方面，本章节建立了包含房价的核心—边缘模型；另一方面，本章节从成本波动角度出发，构建房价波动对劳动力流动和制造业转型升级影响的演化机制，进而指出房价波动对制造业转型升级影响的内在逻辑。最后阐述了房价波动以劳动力流动为中介，间接影响制造业转型升级的作用机理。

2.1 房价波动影响制造业产业转型升级的理论基础

本书从库兹涅茨的理论，钱纳里-赛尔奎因的理论，霍夫曼的理论，罗斯托的理论，小宫隆太郎、宫泽健一、筱原三代平的理论等梳理了产业转型升级理论；从配第-克拉克定理、刘易斯的二元经济结构理论、舒尔茨的人力资本理论和哈里斯-托达罗的城乡劳动力流动模型等梳理了劳动力流动理论；从成本理论（资产阶级古典政治经济学中的成本理论、马克思成本理论）、供求理论等梳理了房地产经济理论；从核心—边缘模型、城市—区域系统模型以及集聚—贸易模型梳理了新经济地理理论。

2.1.1 产业升级理论

产业升级，即产业由较小的产业经济规模、较低的产业技术水平、较低的产品附加值的产业发展状态，转变到较大的产业经济规模、较高的产业技术水平、较高的产品附加值的产业发展状态。其内涵极为丰富，主要包含：生产要素改进和生产效率及产业效率提高、产品质量提高、产业结构转型及升级、产业组织改变及升级、产业链升级、产业发展模式优化、产业政策趋于科学合理。产业转型升级是产业经济学领域研究的重点和热点问题之一。国内外学者基于不同的理论对产业转型升级问题展开了大量的研究，研究成果和相关理论也异常丰富。这里主要介绍与本书研究主题相关的产业转型升级理论。

2.1.1.1 库兹涅茨的理论

库兹涅茨（Simon Kuznets）的关于"劳动力的生产效率和就业率，第一、二、三产业的产业结构"的产业转型升级理论是本研究内容"关于房价波动、劳动力流动与制造业产业转型升级"（该内容主要集中在本书的第6章）的重要理论基础。

20世纪40年代，库兹涅茨从"劳动力的生产效率和就业率，第一、二、三产业的产业结构"的角度出发，通过总结产业结构演进规律来形成产业转型升级理论。库兹涅茨通过总结欧美主要国家长期的历史经济资料，发现引起劳动力的生产效率和就业率在第一、二、三产业之间变化的规律：一是，以劳动力、土地为主要生产要素的第一产业，从业人员比重和产值比重都呈现不断降低的趋势。第一产业生产率不断提高，但是产业报酬递减，导致劳动力在该产业的就业比重下降和产业产值占比下降。二是，第二产业的从业人员比重和产值比重在工业化初期不断上升，在工业化后期下降，这是产业转型升级和消费升级造成的，产业转型升级使投资的比重不断增加，消费升级使第二产业产品的需求收入弹性不断提升，第二产业的劳动力就业比重最终在趋于相对稳定后呈现下降趋势。三是，第三产业的从业人员比重和产值比重在整个工业化时期都在不断上升。这是因为服务业发展与消费升级保持正相关关系，消费越升级越要发展服务业，服务业的行业进入壁垒较低，服务业越发展越要吸纳劳动力。

库兹涅茨曲线（Kuznets curve）理论或者库兹涅茨倒U形曲线（inverted U curve）理论是描述人均收入的差异程度与经济增长程度之间变化关系的理论。库兹涅茨曲线理论表明：在经济发展过程当中，在人均收入增加到中等收入水平之前的这个时间段，人均收入差距一直逐渐增大，但是当人均收入差距扩大到一个最大值之后就不再扩大，而且差距随着人均收入增长反而会逐渐缩小。人均收入的差异程度与经济增长程度之间的变化，是倒U形曲线的形状特征。该理论揭示了"人均收入积累、劳动力流动、产业发展"之间的内在基本规律。该理论是本书第6章内容的重要理论基础。通过第6章的论证，发现了我国的房地产价格波动与制造业产业转型升级呈现出库兹涅茨倒U形的曲线关系，这就表明房价波动对制造业产业转型升级，既有正效应也有负效应。目前我国房价波动对制造业产业转型升级产生了强烈正效应，也就是说对制造业产业提升产生了较大作用。但是，必须注意的是，我国京、沪等经济发达地区的房价波动与制造业产业转型升级间的关系，已经进入到库兹涅茨倒U形曲线的右边。根据库兹涅茨曲线理论，我国如果不能有效控制房价上涨，制造业产业的转型升级就会受到抑制，制造业从业人员的人均收入增加幅度也会受到抑制。

2.1.1.2 钱纳里-赛尔奎因的理论

20世纪80年代，钱纳里（Hollis B. Chenery）和赛尔奎因（Syrquin）提出钱纳里-赛尔奎因产业结构理论。该理论表明，产业结构升级在工业化进程当中具有规律性，第

一、二、三产业的比重随着工业化进程而不断变化。工业化初期，第一产业产值比重下降很快，第二产业产值比重虽然上升很快，但还不会超过第一产业的比重，第三产业比重缓慢提高；工业化中期，第一产业产值比重降低至20%以下，第二产业产值占比跃居第一，第二产业占据产业主导地位；工业化后期，第一产业产值比重在10%左右，第三产业产值比重可能超过第二产业。

此外，钱纳里等人还提出工业化阶段理论，该理论其实就是关于"产业结构转型升级、消费品生产和制造业发展"的理论。该理论表明：随着收入增长，用于生存的食品等生活消费显著下降，用于发展型消费和享受型消费的支出快速增加。制造业内部各产业部门随着消费升级而不断变迁。制造业转型升级的发展历程包含三个阶段：初级制造业产业，包括食品、纺织等产业；中期制造业产业，包括煤炭、石油等产业；后期制造业产业，包括金属制品、机械制造等产业。经过这三个阶段，单一的初级制造业产品生产格局转变成多层级的中高级制造业产品生产格局。

钱纳里-赛尔奎因的理论是本书第2章和第4章内容的重要理论基础。通过这两个章节以及其他有关章节的论证，得到：中国的房价收入比在不同省市之间存在很大的差异，结构性问题突出，呈现"东高西低"的空间格局，且房价收入比整体呈先下降后上升再下降的变化趋势。不同区域的房价水平和房价增长速度差异显著，东部和沿海地区由于其高经济发展水平和高城镇化水平，其房价水平及增速均处于领先位置。制造业产值、制造业劳动力、R&D经费投入以及制造业产品贸易进出口整体表现为上涨趋势，但制造业发展水平在全国范围内存在较为明显的地区及行业差异，东部地区制造业发展水平明显优于中部地区，西部地区是我国制造业发展水平最低的地区。中国各制造业细分行业、各省份（自治区、直辖市）、东中西部地区之间由差异发展向协调发展的格局转变。

2.1.1.3 霍夫曼的理论

住宅是重要的生活资料或者消费资料，住宅消费是消费者生活消费的重要方面。房价及其波动幅度，是决定住宅消费和消费意愿的最主要因素。制造业转型升级需要消费和投资的及时跟进，消费不及时升级，投资结构不合理或者投资不足，制造业就难以转型升级发展。因而霍夫曼定理是本书"房价波动影响产业转型升级的机理及对策研究——以制造业为例"的理论基础。

20世纪30年代，霍夫曼研究了制造业中消费资料工业与生产资料工业的比例（该比例后来被定义为霍夫曼比例），形成了完整的一套理论——霍夫曼理论。霍夫曼理论表明：工业化可分为四个阶段，在这些阶段当中，消费资料工业与生产资料的比例逐渐由5下降到1以下，当霍夫曼比例小于1时，制造业走向重工业化阶段，这一阶段的典型特征是重工业化产业成为国民经济主导产业。霍夫曼比例较好地说明了产业结构转型升级的演进规律。霍夫曼理论也有局限性,现代经济增长的主要源泉并不来自重工业化,并不依靠资本投入,而是依靠技术进步带来较高的生产效率。再就是重工业化产业不再成为国民经济的主导产业部门,经济增长最快的产业是技术更新最快的第三产业服务业,服务业占据国民经济主要地位。

2.1.1.4 罗斯托的理论

二十世纪六七十年代,罗斯托提出各国经济的发展成长普遍要经历六个发展阶段,由低到高分别是传统社会阶段、准备起飞阶段、起飞阶段、走向成熟阶段、大众消费阶段和追求生活质量阶段等。罗斯托的经济成长阶段论理论,是发展经济学、消费经济学和产业转型升级理论的来源。该理论表明:经济发展的每一个阶段都存在着能够带动其他产业发展的一个或几个主导产业,以主导产业为核心形成一个整体的产业结构,全面带动经济发展。这些主导产业随着经济发展和经济成长历程的变换而更替,起飞前的经济发展阶段以建材、食品等制造业为主导产业。在起飞阶段,大量的劳动力从第一产业转移到劳动密集型制造业,服装业、纺织业和家电业成为主导产业。在走向成熟阶段,主导产业从劳动密集型产业转向资本密集型产业,制造业当中的汽车、电力、钢铁、通用机械等成为主导产业。在大众消费阶段,主导产业从制造业转向服务业,环保、教育、社会保障等产业成为主导产业。在追求生活质量阶段,主要目标是提高生活质量,主导产业围绕高质量消费而产生。罗斯托的经济成长阶段论理论认为主导产业在各个阶段的时序性不能更改,任何国家的经济发展都要经历由低级阶段向高级阶段发展的过程。

我国经济的整体发展阶段已经进入罗斯托经济成长六阶段中的走向成熟阶段,正在想尽一切可行的办法努力进入大众消费阶段和追求生活质量阶段。我国居民的消费需求也正在经历上述阶段性的变化,目前,居民在购买住房这类消费品时,主要考虑住房的宽适度、健康性、便利度、社会归属感和投资需求等因素,居民购房不但追求房屋本身的质量,也会通过考虑上述因素以便使购买的房屋满足自己的提高生活质量的消费需求。因此,罗斯托的经济成长阶段论理论,是本书关于"住房消费需求、制造业转型升级的影响机理"研究的重要理论来源。本书关于"房价波动影响制造业产业转型升级的机理分析"(该内容在本研究的第2章)、"房价波动与制造业产业转型升级的现状与特征"(该内容在本研究的第4章)研究的重要理论基础之一就是罗斯托的经济成长阶段论理论。

2.1.1.5 小宫隆太郎、宫泽健一、筱原三代平的理论

由于日本经济发展出现了奇迹,日本在发展经济当中实施的卓有成效的产业政策,开始受到世界各国政府以及学界的高度重视。产业政策的核心内容是产业结构政策、产业组织政策和产业区域布局政策,日本学者小宫隆太郎(著有《日本的产业政策》)、

宫泽健一（著有《产业经济学》）、筱原三代平（著有《产业结构论》）将上述产业政策理论高度概括成为理论体系。产业结构政策是根据产业经济发展的内在联系和发展规律，产业结构的先进性和第一、二、三产业比例关系的合理性，提出使产业结构更为合理和及时升级的政策措施。产业组织政策是通过对产业组织结构和产业组织形式的调整，使组织结构、规模结构高效化和合理化，从而实现规模经济和产业组织适度竞争。产业区域布局政策是对产业空间进行配置达到格局合理的政策。不同区域之间由于经济活动密度的差异、产业结构的差异和产业发展环境的差异，通过产业政策调节上述差异所带来的区域经济发展水平的差距。

小宫隆太郎、宫泽健一、筱原三代平的关于"产业结构政策、产业组织政策、产业区域布局政策"的产业政策理论，是本书关于"对房价波动进行调控、促进制造业产业转型升级"研究的重要理论来源。

2.1.2 劳动力流动理论

在劳动力的就业方面，劳动力通过市场从一个工作地点转到另一个工作地点，从一个工作岗位转到另一个工作岗位，从而形成劳动力流动。《劳动经济学辞典》是这样解释劳动力流动的：劳动力以获取更高的劳动报酬为目的，在地区间、产业间、部门间、就业状态间、企业间乃至工作间进行劳动力转移。劳动力既是生产者又是消费者，而住房是消费者主要的消费品，也是极为重要的高价值消费品，因而房价波动对企业的生产成本、对劳动力的供给都有着重要影响。房价波动对企业劳动力成本的影响是极为显著的，区域房价影响劳动力的供给，劳动力的供给变化很大程度上通过劳动力流动表现出来，劳动力供给的数量和质量在很大程度上影响制造业的转型升级。所以，本书研究"房价波动影响产业转型升级的机理及对策研究——以制造业为例"必须以劳动力流动理论为立论的基础。这里主要介绍与本书主题相关的劳动力流动理论。

2.1.2.1 配第-克拉克定理

配第-克拉克定理论述了劳动力就业在三次产业中的分布结构变化。17世纪60年代的配第（William Petty）和20世纪30年代的克拉克（John Bates Clark）都提出，产业间收入差异是造成劳动力产业间流动的主要原因，商贸流通业和服务业等第三产业的收入比制造业等第二产业的要高不少，制造业等第二产业的收入又比种植业、林业、畜牧业、渔业等第一产业的要高不少。因此，在第一、二、三产业就业的劳动力的流动，具有一定的流动趋势和变化规律。与在第二产业就业的劳动力相比，在第一产业就业的劳动力的就业比重和就业数量逐渐下降。同样地，相比于第三产业，第二产业的就业人数占比和就业数量也逐渐下降。这是劳动力在三次产业的流动和变化规律，同样，劳动力就业取得的收入，在三次产业中呈现同样的变化规律，即随着经济的发展和人均收入水平的提高，第一产业收入的相对比重呈下降趋势；第二产业和第三产业收入的相对比重将呈上升趋势。

劳动力就业的收入与劳动力用所得的收入购买住房，显然符合配第-克拉克定理。结合中国房价波动、中国劳动力流动和供给以及中国制造业的现实情况，有这些重要问题需要研究：房价波动对中国制造业的就业产生的影响如何，房价上涨会不会对中国制造业的就业结构产生影响，由于第三产业的收益比制造业要高，那么高房价是否挤出了制造业的就业总人数，是否阻碍了在制造业企业的就业人数的增加，房价上涨是否提高了制造业企业就业者的收入。对这些问题的研究，都需要运用配第-克拉克定理来进行解释和理论分析。

因此，配第-克拉克定理的有关理论，是本书关于"房价波动对劳动力流动的影响""劳动力流动对制造业转型升级的影响"（该内容在本书的第 2 章）、"房价波动对劳动力流动及制造业产业转型升级的影响""我国房价波动与劳动力的相关性分析""我国房价波动与制造业产业转型升级的相关性分析"（该内容在本书的第 4 章）研究的重要理论来源。

2.1.2.2 刘易斯的二元经济结构理论

20 世纪 50 年代，刘易斯（W. A. Lewis）依据建立的二元经济结构模型，提出了二元经济结构理论。该理论较好地解释了发展中国家的农村劳动力向工业产业部门流动的现象。发展中国家存在典型的二元经济结构：一个是工业产业部门，该产业部门资本丰富，劳动力缺乏，劳动生产率高，从业者收入也较高，农村剩余劳动力被不断吸引流向工业产业部门。另一个是农业部门，传统农业部门土地有限、资本缺少、劳动力大量剩余、劳动生产率低。尤其是，农业部门的剩余劳动力转移到工业产业部门后，农业部门的总产值不断下降，人均产值还待提高。

刘易斯的二元经济结构理论有以下要点：一是工资差异越大，劳动力流动的数量也就越多。二是劳动力的流动不但出现在农业和工业这个二元型行业经济区域，也会出现在地区之间，不同地区的工资差异将劳动力从低收入地区吸引到高收入地区。三是随着剩余劳动力由农业全部转移到工业之后，原来可以无限供给到工业的农村剩余劳动力将转变成有限供给，在劳动力供给曲线中显示这一变化的临界点就是刘易斯拐点。四是通过刘易斯拐点可以判断一个发展中国家的经济发展处于何种阶段，在新的发展阶段之后，这个国家将要采取新的促进劳动力流动的政策。劳动力供给出现刘易斯拐点后，原先的二元经济结构被破坏，农业部门也像工业部门一样，劳动生产率提高了，从业者收入也较高了。这时候的工业部门和农业部门都要依靠提高就业者收入来吸引劳动力流向该部门，否则劳动力不会像二元经济结构里面那样流向工业部门。五是无论是工业还是农业的就业者，当劳动的边际收益完全一样，并且劳动的边际收益和劳动的边际成本相等时，劳动力作为生产资源就实现了最优资源配置，这时候二元经济结构不复存在，二元经济状况转变为一元经济，经济与社会发展进入了现代经济社会。

前些年，我国制造业靠人口红利带来的发展机会就已经消失了，农村劳动力不再无限供给，农业和工业都在争夺劳动力资源，劳动者不再只选择工业部门进行就业。劳动力流动方向变化和劳动者报酬大幅度提高倒逼我国制造业的转型升级发展。本书基于刘易斯的二元经济结构理论，结合我国房价和制造业以及劳动力流动的实际情况，得到"房价上涨通过影响劳动力要素价格，从而增加制造业企业的生产成本，进一步影响劳动力所在地区的制造业转型升级"的结论。刘易斯的二元经济结构理论的应用情况，参见本书的第5章，其中"分地区房价波动影响制造业产业转型升级的分析"既应用了刘易斯的理论，又证明了刘易斯理论的正确性。

2.1.2.3　舒尔茨的人力资本理论

20世纪60年代，西奥多·舒尔茨（Theodore W. Schultz）率先提出人力资本理论。西奥多·舒尔茨认为，人力资本是劳动者在企业中投入的一系列资源的总称，如知识、技术、管理方法和创新概念等资源。劳动者也是人力资本，并能通过市场进行交易。舒尔茨使用人力资本理论解释经济发展。农业产量迅速增长，并不增加资本、劳动力和土地的投资，但劳动力的生产知识与技能提高了，就业者工资能够大幅度增长，这是因为就业者增加了人力资本的投资。通过对比物质资本投资增加、人力资本投资增加这两者对经济增长的作用可知，人力资本投资增加比物质资本投资增加要更加重要。人力资本的取得来自教育投资，教育投资对经济发展具有重大贡献。

舒尔茨把人力资本理论、农村剩余劳动力转移与农业经济问题结合起来研究，提出了农村剩余劳动力转移理论[211]。舒尔茨并不认为农业部门存在劳动过剩，农村劳动力之所以要流向工业部门，取决于流动前和流动后劳动力所能取得收入的结果的比较。舒尔茨认为劳动力之所以要流动，最根本的原因是流动后所获得的收入大于流动前所能获得的收入。农村劳动力流向城市是劳动力的一种投资行为，因为流动后能够取得的收入，要大于不流动所能取得的收入。人力资本是农业增长的主要源泉，对于如何促进发展中国家农业经济的增长，不能只是增加物质资本的投入，还更应该增加人力资本的投入，人力资本的增长才是农业经济增长的真正源泉。

要使我国制造业转型升级取得成功，当前最主要的还是依赖制造业的创新能力。创新能力来自人力资本，劳动者投入到企业中的创新能力，需要通过教育培育之后才能取得，因此我国制造业转型升级的理论基础之一就来自舒尔茨的人力资本理论。本书得到的一个结论就是：在对中国制造业转型升级的发展水平进行测度，并对制造业转型升级的变化趋势以及各省市异质性特征进行分析的基础上，发现影响中国制造业转型升级的主要因素依次是创新能力、质量效益、绿色发展和信息技术。这说明制造业在转型升级的过程中，最主要的还是依赖制造业的创新能力。这一研究结论也进一步验证了舒尔茨的人力资本理论的科学性。关于上述研究，可以参见本书的第 3 章"中国制造业转型升级水平综合指数的测算"。

2.1.2.4 哈里斯-托达罗的城乡劳动力流动模型

20 世纪 60 年代末 70 年代初，哈里斯（J. R. Harris）和托达罗（Michael P. Todaro）根据发展中国家城乡劳动力失业的状况，提出城乡劳动力流动的哈里斯-托达罗模型（Harris-Todaro model）[212-213]。

哈里斯-托达罗模型指出：城市就业劳动力的预期收入水平主要取决于城市就业率水平及城市就业与农村就业的收入差距。劳动力对在城市和农村分别就业时取得收入的差距有一个预期，这个收入差距预期是影响劳动力从农村流向城市的关键因素，当农村劳动力认为城市有更多就业机会且能够取得更多收入，农村劳动力就会流向城市。城市就业的预期收入与农村就业的预期收入的差距越大，就越会促进劳动力从农村流向城市。上述过程的数学表达为

$$\frac{\bar{L}}{L}(t) = F\left[\frac{Y_U(t) - Y_S(t)}{Y_S(t)}\right], \quad F' > 0 \tag{2.1}$$

其中，$\bar{L}$ 为在 t 时间城市劳动力的净流量数量；L 为 t 时间内的城市原来已有的劳动力数量；$Y_U(t)$、$Y_S(t)$ 均为折现值，表示 t 时间一个非熟练水平、平均熟练水平的农村劳动力分别在城市就业、农村就业时取得预期收入的折现值。

在哈里斯-托达罗模型当中，农村流向城市的劳动力数量，与预期收入差距（城市就业的预期收入和农村就业的预期收入存在一个差距）形成函数。该函数关系式是

$$M = F[V(0)], \quad F' > 0 \tag{2.2}$$

$$V(0) = \int_0^N [p(t) Y_U(t) e^{-rt} - Y_S(t) e^{-rt}] \, dt - C(0) \tag{2.3}$$

其中，M 表示劳动力流动的数量；$V(0)$ 是劳动力在一定时期内在城市就业、农村就业的预期收入所形成的预期收入差距的净折现值；$Y_U(t)$ 表示预期内城市工资水平；$Y_S(t)$ 表示预期内农村收入水平；r 表示贴现水平；$p(t)$ 表示 t 时间内城市的就业率；$C(0)$ 表示流动的成本。城市就业、农村就业的预期收入的差距 $V(0)$ 对劳动力的流向起决定作用，当 $V(0) < 0$ 时，农村劳动力不会发生流动；当 $V(0) > 0$ 时，农村劳动力流向城市。

哈里斯-托达罗模型具有丰富的政策含义，为了使城市和乡村的发展得到均衡，政府一般要采取一定的政策限制农村劳动力大量流入城市。但是，政府在城市实施的财政政策，比如增加城市基础设施投资、对企业所得税和个人收入所得税进行减税以及转移支付等，反而促进了农村劳动力向城市的流动。要均衡城乡发展和限制农村劳动力大量流入城市，关键在于发展农村公共设施，提高农民的收入水平，改善农村教育，提高农

村劳动力的劳动技能。

学界往往以哈里斯-托达罗模型为理论基础，构建计量经济学模型，再结合一国或者一个区域的实际情况，对其农村人口城乡迁移情况进行实证分析。就我国具体情况而言，由于我国制造业产业利润薄弱且难以大幅度提高，对产业工人支付的报酬就难以大幅度提高，但我国的房价上涨快，且长期居高不下，住房消费支出大幅度增加使得劳动力成本进一步上升，制造业就业工人收入提高缓慢就会导致工人的流动和流失，工人的流动和流失影响了制造业的人力资本资源积累。人力资本资源几乎决定着制造业转型升级的步伐和方向，受到影响的人力资本资源就会对制造业转型升级产生极大的影响。因此，在我国制造业的转型升级过程中，为尽可能地消除高房价对其产生的不良影响，我国政府应把房价调控、劳动力区域流动和经济发展因素纳入制造业转型升级相关政策的框架之中，通过房价调控政策，调节产业工人的住房消费和就业收入，为制造业的转型和升级提供人力资本支撑。引导劳动力在城乡之间的合理有序流动，一方面为制造业结构调整和产业转型升级供给充裕的劳动力资源，另一方面也从根本上解决区域经济发展不平衡的问题以及城乡经济发展不平衡的问题。

2.1.3 房地产经济理论

房地产市场是市场体系的一个部分，因而房地产市场具有商品市场的一般属性，会受价值规律、竞争规律、供求规律的影响，又由于房屋具有居住和投资属性，这就导致了房地产市场与一般的商品市场存在差异。这里主要介绍与本书主题相关的房地产经济理论。

2.1.3.1 成本理论

和人类无限的欲望相比，地球资源并不是取之不尽用之不竭的，资源具有明显的稀缺性特征，有限资源的配置和利用必须以实现特定效益为基本原则。2003 年，萨缪尔森对经济学的含义给出了他自己的看法，他认为经济学所研究的核心问题是：一个社会如何合理运用有限的、稀缺的资源使得生产的有价值的产品尽可能多，并将生产出的产品分配给不同的人。其核心要义就是以促进资源的优化配置来增加社会总福利，最大限度地利用资源，实现企业生产的最小成本和消费者的最大效用。从事经济活动离不开决策，而决策需要成本的帮助，成本和收益又是此消彼长的关系。因此，成本理论从经济学的角度来说就是降低成本，实现资源优化配置的"成本学"。

（1）资产阶级古典政治经济学中的成本理论。

成本理论与劳动价值理论的观点紧密联系，是古典政治经济学的重要组成部分，古典经济学家们对成本的认识来自分析利润、利息和地租等剩余价值的具体形成过程。以下是成本理论主要观点和内容：一是成本具有资本属性（资本预付的角度）。古典经济学家把成本视为预付资本和垫支资本，是资本向成本转化的具体表现。其中魁奈具体化和定量化预付资本，把"年预付"与"原预付"区分开来；此外，英国古典经济学的完成者李嘉图在前人的基础上，对预付资本的定义做出了更为科学的界定，并明确提出了成本与资本积累之间的联系，这与$C+V$的正确结论更为相近。二是成本具有补偿性质（补偿方式各不相同）。成本资本属性派生出了成本补偿性，其含义是资本家为推动资本主义生产和再产生，会产生一定的消耗，资本家需要及时垫付补偿资本，以便生产的继续进行，实现资本的回收、资本的扩大和资本的积累，只有这样资本家所需要的再生产过程才可以不断地循环下去。古典经济学家还从成本的补偿性源于资本的垫支、资本的不同部分具有不同的补偿方式等方面阐明了对资本补偿性质的认识。三是投资成本观。成本是资本的预付形式，成本再和资本积累相结合，那样就形成了一个循环模式：资本到成本再到资本。要扩大再生产的过程就必须追加相应的投资，同时资本投资于不同用途其结果也存在差别。

（2）马克思成本理论。

对于古典政治经济学的相关内容，马克思采取了批判、继承和吸收的方式，在此基础上提出了著名的劳动价值理论，并形成了马克思主义政治经济学体系（成本价格理论包括在内）。在《资本论》的第三卷第一章，马克思主要对"成本价格和利润"进行了研究。马克思成本理论内容涵盖成本价格的实质、补偿、计量和职能等，具体来说包括以下四个方面的内容：一是提出了成本价格的实质，即成本价格是指产品价值中扣除了剩余价值的部分，从数量上看，商品价值剩下部分的价值，与生产产品所消耗的生产要素的资本价值是等价的。二是对资本主义成本的经济内涵或特殊社会性质进行了揭示，即剩余价值的真正源泉被成本价格形态掩盖了。三是强调成本的补偿性特征。四是澄清了成本价格在一系列数量方面的某些规定，如：成本价格不同于预付资本，它们是两个不同的量，前者是对所耗费资本的计量；成本价格不同于商品的价值；商品的成本决定了商品出售价格的最低界限；时间节约或成本降低等于发展生产力；成本中的不变与可变资本、固定与流动资本的性质和特点，以及它们之间的关系。马克思成本理论首创性地把资本划分为可变与不变资本两类，不变资本、可变资本分别指用以转移价值、可创造价值的资本。因此，成本理论是本书研究第2章"房价波动影响制造业产业转型升级的理论基础与机理分析"以及第5章"房价波动影响制造业产业转型升级的实证分析"的重要理论来源。

2.1.3.2　供求理论

在分析商品价格变化与市场运行时所需要使用到的最基础的理论，即供求理论。对房地产市场来说，其供给和需求同样会对其运行与价格的变动产生影响。房地产的供给与需求之间是一种相互制约、相互促进的辩证关系，达到均衡状态时也意味着均衡数量与价格的出现，均衡状态下的房价就是房地产的理论价格（基本价值）。下面将从需求与供给两个角度分别阐述房地产市场供求理论。住宅需求是以消费者的购买意愿和支付能力为基础，在各个价格水平下实现的住宅销售量和出租量。住宅需求包括住宅消费需求与投资需求。消费需求是指消费者为了居住需求而购买的房产或房屋的使用权，住宅消费需求弹性小，价格变动在很大范围内不会影响这部分需求总量。而住宅的投资需求一般是由购买者将住宅视作资产产品持有，其目的是未来获取租金现金流或买卖差价的资产利得。住宅的投资需求与消费需求是相对独立的，制约住宅消费需求的主要因素是居民的收入水平，而制约投资需求的主要因素是人们可以动用投资的流动性资金。总的来说，决定住宅需求量的因素包括：居民的收入水平、住宅的价格水平、居民的偏好以及未来预期等。住宅供给以开发商的开发成本以及市场利率为基础，在各个市场价格水平下实现的住宅开发、销售数量，并形成住宅的存量供给与流量供给，与住宅的生产相关的为存量供给，与住宅的改进与维护相关为流量供给。由供需均衡知住宅的供给量受价格影响，而价格随着需求量变动而变动。从供给端看，住宅的流量供给受开发成本和开发商对未来住宅价格预期等因素的影响。

由于房地产开发与建设相对于其他行业来说成本更高，而且技术与预期均会对房地产开发与建设产生影响，房地产开发周期较长，对市场需求的变化难以迅速做出反应，通常还因承担投资开发风险进而影响房地产开发商投资开发决策，因此，房地产供给往往缺乏弹性。房地产市场分为均衡状态和非均衡状态两种。均衡状态是指供求价格与供求数量均一致，但这是一种理想状态，因为商品住宅的供求双方都处于动态变化的进程中。现实中存在的是供给与需求的失衡状态，主要表现为供过于求或者供不应求。总量供过于求，也就是说住宅供给量过剩，这时房价普遍处于下跌状态，居民处于主动地位，有更多的选择机会。这种情况一般出现在市场经济体制下，政府缺乏有力调控或者房地产投资商盲目投资的地区。总量供不应求，也就是住宅供给量少，这时房价会处于一种快速上涨的状态，居民在市场中处于被动地位，急于购买住宅。市场需求集中释放或者住宅开发商供给能力不足是产生这种情况的主要原因。结构性供求失衡也是住宅非均衡状态的体现，一般是由投资方决策失误造成的，导致住宅积压严重。结构性供求失衡包括供给结构失衡与需求结构失衡两种。供求理论是本书关于如何构建房地产市场平稳发展机制，促进制造业转型开放的研究的重要理论来源。

2.1.4 新经济地理理论

20 世纪 90 年代，论文《收益递增与经济地理》中提出了新经济地理理论的分析框架，其作者是保罗·克鲁格曼。该理论简称为 NEG 理论，是一种在地理学方面加入了经济学的分析工具，且在经济学当中又引入空间概念的新理论，是紧跟"新产业组织理论""新增长理论""新贸易理论"等理论之后最新的经济理论。新经济地理理论的四个关键因素——一般均衡模型（其使得新经济地理理论从传统的区位理论和经济地理学中独立出来）、报酬递增（从单个生产者角度分析经济规模化的基本要求，报酬递增的不完全竞争市场结构）、运输成本（其纳入区位因素使理论分析模型得到完善）、地区间生产要素和消费者流动（集聚形成的先决条件）。凭借"对贸易模式和经济活动区位的分析"，2008 年，保罗·克鲁格曼获得诺贝尔经济学奖，又一次为推动新经济地理理论的发展壮大做出了贡献。新经济地理理论的三种主要模型为：核心—边缘模型、城市—区域系统模型以及集聚—贸易模型。该理论是本书研究"房价波动、劳动力流动与制造业产业转型升级"（第 6 章）的重要理论基础。

2.1.4.1 核心—边缘模型

该模型为 NEG 提供了一个入门框架。

核心—边缘模型（简称 C-P 模型）是在制造业人口迁移的背景下，利用数理方法研究一个具有对称结构的经济系统如何向工业核心区与农业边缘区慢慢演变。该模型建立在新经济地理理论很多模型的基础上，又称"2×2×2 模型"（两个要素、两个部门、两个区域）。这里简单地介绍和梳理模型的基本逻辑和基本框架。

（1）基本假设及逻辑框架。

①在经济系统中只存在南北两个区域，且这两个区域在很多方面具有对称性，如初始要素禀赋、偏好、技术以及开放度等。

②经济系统中也仅存在两个生产部门，分别记为部门 A（农业部门）和部门 M（制造业部门），且每个部门的生产要素都只包括一种劳动力，但劳动力在流动方面存在区别，即制造业部门劳动力是能够自由流动的（用 H 来表示），农业部门劳动力则不可以流动（用 L 来表示）。

③在完全竞争市场和规模收益不变情况下，农业部门生产的农产品是同质的，且不论产出水平最后是一个什么样的结果，单位产出需要的可变成本等于 α_A 单位的农业劳动力。在垄断竞争市场和规模收益递增情况下，制造业部门生产的产品是多种多样的，但任意两种产品之间的替代弹性都是相等的，每生产一个单位产品，需要一定的工人作为固定投入（即 F 单位的工业劳动力）以及产出一定量工人的可变投入（即每单位产出需要 α_M 单位的工业劳动力），因此，$w(F + \alpha_M x)$ 是制造业企业的成本函数，其中，企业产出量用 x 表示，工人的工资水平用 w 表示。

④两部门生产的产品都可以在区内与区际进行流通，但是其交易成本存在区别，农产品的交易不需要成本，而制造业产品的交易是需要成本的，且需要冰山交易成本①。

---

① 冰山交易成本是指运输过程所支付的实际费用以及区域间贸易障碍所引起的各种成本，简单来说就是物品在运输过程中损失的一个固定比例。

此外，工业劳动力失业的问题不会发生在工业部门。

在以上假设的基础上，建立如图 2.1 所示的基本逻辑框架。

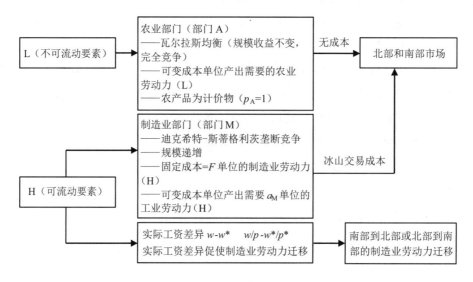

图 2.1 核心—边缘模型的基本逻辑框架[214]

那么，消费者的 CES 效用函数如下

$$U = C_M^\mu C_A^{1-\mu} \tag{2.4}$$

$$C_M = \left[\int_0^{n_1+n_2} c_i^\rho \mathrm{d}i \right]^{1/\rho}, \ 0 < \mu < 1, \ \rho < 1 \tag{2.5}$$

其中，C_A 表示农产品的消费量，C_M 表示制造业产品的消费量，μ 表示消费在制造品上的支出份额，c_i 表示消费者对制造品 i 的消费量，n_1 和 n_2 分别表示南北区域的产品种类数量，ρ 是消费者的多样性偏好的反映。

在 CES 效用函数中，$\rho = (\sigma - 1)/\sigma$，将 σ 代入式（2.5）中，得

$$C_M = \left[\int_0^{n_1+n_2} c_i^{(\sigma-1)/\sigma} \mathrm{d}i \right]^{\sigma/(\sigma-1)}, \ \sigma > 1 \tag{2.6}$$

消费者 CES 效用最大化的约束条件为

$$Y = p_A C_A + \int_0^{n_1+n_2} p_i c_i \mathrm{d}i \tag{2.7}$$

其中，Y 表示消费者收入，p_A 表示农产品价格，p_i 为第 i 种制造品的价格。

（2）核心—边缘模型的均衡。

核心—边缘模型的均衡共有短期均衡与长期均衡两种。在短期内不考虑劳动力的流动或者说劳动力是相对静止的，可以得到相对均衡状态下差异化工业品的需求数量与价格，又因为均衡状态的需求与供给是相等的，可以推导出产出情况，那么，厂商的规模与这种稳定产出是相等的，进一步可以计算出差异化产品的种类和工人的数量。长期均

衡与短期均衡正好相反，它考虑的是劳动力流动的问题。对劳动人口来说，其追求的是效用最大化，区域实际收入水平决定着劳动力的流向。在长期均衡的过程中，企业的集聚力和分散力会受到南北生活成本、工资水平差异的影响，从而可以判断出产业的集聚或者转移情况。

2.1.4.2　城市—区域系统模型

该模型着重于分析集聚的空间分布（工业集聚地的数量、规模、内部产业协调关系）。市场拥挤效应使得部分企业选址发生改变，位于边缘地区的人们的需求吸引了一些弱势企业，市场潜力改变了这部分企业选址决策，该部分企业的选址增强了原本的市场潜力，一个个新城市逐渐形成。城市之间的距离取决于工业产品多样化程度以及运输的成本，更进一步，在工业产品的相对运输成本比农业产品有所下降的情况下，将会形成由工业作为纽带联系起几个大中心城市组成大都市的空间经济结构。对于空间经济的自我组织，初始自然地理条件不可或缺，但自然地理条件使工业中心形成后，其内生正反馈效应产生的自我维持和增强作用才是形成工业集聚的主导力量。

2.1.4.3　集聚—贸易模型：报酬递增、运输成本以及生产结构纵向联系

正反馈效应不仅发生在生产者与工人之间，生产者之间也具备该效应。对于中间产品生产商，其选址靠近于需求所在地，故其选址决策受最终产品生产商坐落地影响，而最终产品生产商又会选择在供给者（中间产品生产者）附近，这种"抱团效应"又一次成为内生促进工业集聚形成的力量。新经济地理理论分析国际层面的工业集聚和专业化分工，研究对外贸易对内部经济空间结构的影响，认为在发展中国家对国际市场的开放将削减核心—边缘趋势。

保罗·克鲁格曼的新经济地理理论的基本观点："报酬递增"是产业在空间上分布不均匀的原因，"报酬递增"现象在现实经济生活中广泛存在，而且在多个领域得到应用。该理论主要研究了市场和地理之间的相互联系。对于早期马歇尔的外部经济性思想，保罗·克鲁格曼给予了肯定，且对马歇尔的观点给予了重新诠释，认为基本要素、中间投入品和技术的使用是产业地方化现象的原因，这三个方面所产生的外部经济性都来自供应方面。

2.2　房价波动影响制造业产业转型升级的机理分析

在现实的经济生活中，房价、制造业生产成本等经济要素处于不断变化的过程中。从经济学角度来看，理性消费者以自身效用水平的最大化为追求，而制造业企业所做的决策和选择都是为了追求自身利润最大化，也就是说制造业企业的利润水平与消费者的收入效用水平不相同。根据市场行情的变化，制造业企业与消费者都会做出最有利于自

身的决策和选择，如此会打破原有的均衡，影响区域间的制造业转型升级。上文中已经阐述了房价波动对制造业产业转型升级影响所涉及的基本理论，那么，接下来的部分将就房价对制造业转型升级的影响机理展开研究：首先通过已有的经济学模型（引入房价的核心—边缘模型）对其进行理论推导，为后文的实证分析提供理论基础；然后分析房价波动对制造业转型升级影响的具体路径，并通过勾画路径分析图把房价波动对制造业转型升级的影响路径和机理更为直观形象地展现出来。

2.2.1 房价波动影响制造业产业转型升级的模型推导

本部分以 Krugman[178] 提出的核心—边缘模型（core-periphery model）即 C-P 模型为基础，借用高波等[83]、毛丰付等[215] 的模型，建立包含房价的 C-P 模型，并在分析框架中加入经济发展过程中存在的多种要素，如工资水平、劳动力流动、制造业消费品自由流动情况等，对房价水平影响制造业结构的路径进行探讨，具体如下：

假设某个国家存在地区 1 和地区 2 两个经济区域，劳动力在这两个地区之间能自由流动，并且工资收入水平相等，两个经济区域内只存在两种可以消费的商品：制造业工业品（可贸易的消费品）和住房（不可贸易的产品）。消费者通过合理配置收入，对制造业工业品和住房进行合理配置，以实现效用的最大化；制造业企业则通过区位的选择来控制成本，实现利润最大化。那么地区 1 消费者效用函数的计算公式如下所示：

$$U_1 = C_{1M}^{\mu} C_{1H}^{1-\mu} \tag{2.8}$$

$$\text{s. t.} \quad P_{1M} C_{1M} + P_{1H} C_{1H} = W_1 \tag{2.9}$$

且，$C_{1M} = (\int_0^n c_{1i}^{1-1/\sigma} \, di)^{1/(1-1/\sigma)}$，$P_{1M} = \left[\int_0^n p_i^{1-\sigma} \, di \right]^{1-\sigma}$，$0 < \mu < 1 < \sigma$。

其中，C_{1M} 表示地区 1 的消费者所消耗的制造业工业品的数量，C_{1H} 为地区 1 消费者所消费的住房数量，P_{1M} 为地区 1 制造业工业品的价格，P_{1H} 为地区 1 的住房价格，W_1 为地区 1 消费者的收入，c_{1i} 代表地区 1 的消费者对第 i 类制造业工业品的消费量，p_i 为第 i 种制造业工业品的价格，n 为两个地区所有制造业工业品的种类之和，即 $n = n_1 + n_2$（n_1、n_2 分别是地区 1、地区 2 制造业工业品的种类数量）。σ 是制造业工业品之间的替代弹性，μ 是消费支出占制造业工业品方面的支付份额，则 $1 - \mu$ 是消费支出占住房方面的支付份额。最优化后得到地区 1 消费者的间接效用函数形式如下：

$$V_1 = \frac{\mu^{\mu}(1-\mu)^{(1-\mu)} W_1}{P_{1M}^{\mu} P_{1H}^{1-\mu}} \tag{2.10}$$

结合生产商的优化条件，由（2.8）式得出制造业工业品的价格函数：

$$P_{1M} = [s_n W_1^{1-\sigma} + (1 - s_n)(W_2 T)^{1-\sigma}]^{1/(1-\sigma)} \tag{2.11}$$

其中，W_2 是地区 2 的消费者收入，s_n 是地区 1 的所有制造业企业数量占全部地区制造业企业的比重，其值 $s_n = n_1/n$ 。根据新经济地理学的相关理论： $\dfrac{\text{地区制造业企业数量}}{\text{所有地区制造业企业数量}}$

$= \dfrac{\text{地区制造业产品种类}}{\text{所有地区制造业产品种类}}$ 。 T 表示制造业产品在不同区域间运输的交通成本，且 $T > 1$ 。

把式（2.11）代入式（2.10）中，化简得：

$$V_1 = \mu^\mu (1-\mu)^{(1-\mu)} W_1 / P_{1H}^{1-\mu} [s_n W_1^{1-\sigma} + (1-s_n)(W_2 T)^{1-\sigma}]^\alpha \qquad (2.12)$$

其中， $\alpha = \dfrac{\mu}{\sigma-1}$ 。根据对称性原理，地区 2 同样有：

$$V_2 = \mu^\mu (1-\mu)^{(1-\mu)} W_2 / P_{2H}^{1-\mu} [s_n (W_1 T)^{1-\sigma} + (1-s_n) W_2^{1-\sigma}]^\alpha \qquad (2.13)$$

构造地区间相对效用函数来衡量劳动力的流动情况，式（2.12）除以式（2.13）可得相对效用函数 K_{12} ，即

$$K_{12} = \frac{V_1}{V_2} = \frac{W_1}{W_2} \left(\frac{P_{1H}}{P_{2H}}\right)^{\mu-1} \left[\frac{s_n W_1^{1-\sigma} + (1-s_n)(W_2 T)^{1-\sigma}}{s_n (W_1 T)^{1-\sigma} + (1-s_n) W_2^{1-\sigma}}\right]^{-\alpha} \qquad (2.14)$$

其中，

$$\left[\frac{s_n W_1^{1-\sigma} + (1-s_n)(W_2 T)^{1-\sigma}}{s_n (W_1 T)^{1-\sigma} + (1-s_n) W_2^{1-\sigma}}\right]^{-\alpha} = \left[\frac{\dfrac{s_n}{1-s_n}\left(\dfrac{W_1}{W_2}\right)^{1-\sigma} + T^{1-\sigma}}{\dfrac{s_n}{1-s_n}\left(\dfrac{W_1}{W_2}T\right)^{1-\sigma} + 1}\right]^{-\alpha} \qquad (2.15)$$

令 $T^{1-\sigma} = \varphi$ ， φ 代表地区 1 和地区 2 之间的贸易自由度。对式（2.15）中的 $\dfrac{s_n}{1-s_n}$ 和 $\dfrac{W_1}{W_2}$ 进行泰勒展开得：

$$\left[\frac{s_n W_1^{1-\sigma} + (1-s_n)(W_2 T)^{1-\sigma}}{s_n (W_1 T)^{1-\sigma} + (1-s_n)(W_2)^{1-\sigma}}\right]^{-\alpha} \approx \varphi^{-\alpha}\left[1 - \frac{\alpha}{\varphi}(1-\varphi^2)\frac{s_n}{1-s_n}\right] \qquad (2.16)$$

把式（2.16）代入式（2.14）当中，然后取对数，得：

$$\ln K_{12} = \ln \frac{W_1}{W_2} + (\mu-1)\ln\frac{P_{1H}}{P_{2H}} - \alpha\ln\varphi + \ln\left[1 - \frac{\alpha}{\varphi}(1-\varphi^2)\frac{s_n}{1-s_n}\right] \qquad (2.17)$$

接下来对 $\left[1 - \dfrac{\alpha}{\varphi}(1-\varphi^2)\dfrac{s_n}{1-s_n}\right]$ 进行泰勒展开，式（2.17）进一步变成：

$$\ln K_{12} = \ln\frac{W_1}{W_2} + (\mu-1)\ln\frac{P_{1H}}{P_{2H}} - \alpha\ln\varphi - \frac{\alpha}{\varphi}(1-\varphi^2)\frac{s_n}{1-s_n} \qquad (2.18)$$

当劳动力的区位选择处于均衡状态时，消费者在地区 1 的效用水平等于地区 2 的效用水平，则

$$\ln K_{12} = 0$$

从而式（2.18）进一步变成：

$$\ln \frac{W_1}{W_2} + (\mu - 1) \ln \frac{P_{1H}}{P_{2H}} - \alpha \ln \varphi = \frac{\alpha}{\varphi}(1 - \varphi^2) \frac{s_n}{1 - s_n} \qquad (2.19)$$

根据式（2.19）可得：地区间的工资水平、房价水平以及制造业消费品的自由流动会对地区制造业的发展产生影响。在没有考虑经济发展周期的情况下，若制造业消费品的自由流动、地区间的工资水平保持不变，那么地区间的房价差异对地区间制造业的结构状况会产生极大的影响，地区间制造业结构随着地区间房价水平差异的变动而变动。

2.2.2 房价波动影响制造业产业转型升级的传导机制

近年来，房价分化问题日益严重，居民的生活成本和企业的生产成本受到房价波动的较大影响，进而较为明显地影响到制造业转型升级。其具体过程是房价上涨首先会导致生产要素的价格上涨，那么企业成本会显著上升，对企业厂址的选择产生巨大影响，尤其对成本变化较为敏感的制造业企业影响更大，从而使制造业产业转型升级受到直接影响。房价的上涨也使得劳动力的生活成本增加，从而对劳动力流动决策产生影响。不同类型劳动力的流入或流出会导致不同类型的企业在当地的进入和退出，从而影响当地制造业的企业结构，即影响制造业的转型升级水平。房价波动、劳动力流动与制造业转型升级的具体内在逻辑如图2.2所示。

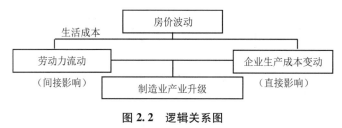

图2.2 逻辑关系图

2.2.2.1 房价波动对制造业转型升级水平的直接影响

制造业的转型升级归根结底需要通过制造业企业决策与行为来实现，在"理性人"前提假设下，制造业企业会遵循利润最大化的原则来开展决策。一方面，房价上涨会提高生产要素价格，即土地、生产用房以及办公用房的价格上升会直接增加制造业企业的生产成本；另一方面，由于房价上涨以及房地产行业的高额利润率，大量生产要素向房地产行业集聚，使得制造业企业获取生产要素的难度上升，制造业企业的生产成本增加。企业生产成本的增加，压缩了制造业企业（厂商）的利润。为此，制造业企业只能通过提高收入和降低成本两种措施来实现利润最大化。在行业净利润水平一致的情况下，降低生产成本会是大部分制造业企业的决策行为。为了降低要素成本，制造业企业将生产基地甚至所有部门迁移至房价水平以及劳动力成本相对较低的地区。若制造业企业出于区位等因素考虑仍然留在房价较高的地方，为了降低成本，制造业企业可能会通过提高生产效率和技术水平，以提高产品质量和品质，实现技术升级和产品升级；或者采用现代化先进工艺，运用现代机器设备实现生产流程的升级。但是，对于低附加值的制造业企业而言，其产品处于价值链的最底端，产品利润较低，资金链也较为短缺。这类制造业企业对于要素成本变化非常敏感，当房价上涨时，低附加值制造业企业会倾向于迁出房价水平较高的地区以此降低生产成本。对于高附加值制造业企业而言，其产品处于价值链的中高端，产品利润空间较大，资金链相对而言比较雄厚。这类制造业企业对于要素成本变化相对没那么敏感，当房价上涨时，高附加值的制造业企业会更看重大城市的产业集聚、人才集聚与技术集聚，继续留在大城市。因此，房价上涨在一定程度上直接影响制造业产业的转型升级水平。

2.2.2.2 房价波动对劳动力流动的影响

丰富和廉价的劳动力资源是我国成为第一大制造强国的重要支撑，劳动力流动与结构变动会对制造业转型升级产生深远影响。房价波动是劳动力流动的重要影响因素，在"理性人"前提假设下，劳动力会从自身效用最大化的目的出发，决定自己在某一区域的流入和流出。房价不断上涨将增加租房劳动力的短期房租成本，对于购房的劳动力而言则会长期增加还贷压力，因此不管是短期还是长期都会增加劳动力的住房成本。对于高学历、高技术的制造业从业人员而言，由于受到了较高程度的教育以及自身工资水平相对较高，在劳动力市场上他们具有较高的话语权，他们有实力能够承受高房价带来的经济压力，更趋向于留在大城市选择更加多元化的产品。这种现象表明，高学历、高技术的制造业从业人员对于房价上涨表现得不太敏感，房价的上涨未对其产生较为明显的生活压力，也不会导致此类制造业劳动力的区域流动。相反，低端制造业企业的从业人员，由于受教育程度低、工资水平不强，在消费观念上也较为保守，可替代性较强，在劳动力市场上话语权较低。当房价上涨时，他们没有实力承受房价上涨带来的经济和生活压力。因此，房价较低的城市对于他们而言更加具有吸引力。为了缓解房价上涨带来的压力，提高生活质量和效用水平，劳动力就会从房价上涨的地区流出，从而影响社会就业结构。因此，在其他情况保持不变的条件下，房价上涨之所以能够对劳动力流动产生影响的主要原因是不同类型劳动力对房价变化的敏感程度不同。

2.2.2.3 劳动力流动对制造业转型升级的影响

从劳动力的自身能力出发，可以把它分为普通劳动力和技术型劳动力两类，这两类劳动力都是制造业企业进行生产和发展的必然要素。普通劳动力的获取主要来自不同区域间劳动力的正常流动和农村剩余劳动力的转化这两个途径，且制造业企业普通劳动力大多来自农村剩余劳动力的转化。技术型劳动力在短期和长期的获取途径不相同，在短期只能通过跨地区获得，长期则要通过定向的培养和输送。那么，普通劳动力的集聚或者技术型劳动力的集聚会使制造业企业、制造业产业跨地区建立；反过来看，不同的制造业企业对普通劳动力、技术型劳动力的需求量存在差异，如果制造业产业或企业在劳动力方面的需求得到满足，会促进制造业企业的进一步发展与制造业产业的转型升级，还有可能诱导更多新兴产业出现。同时，技术型劳动力的涌入、劳动力在素质能力方面的提升都将对制造业的产业转移与产业转型升级产生促进作用。总之，劳动力流动显著影响制造业转型升级，具体来说，劳动力能力结构的刚性制约着制造业产业的转型升级，但同时，劳动力流动区域的广泛性以及劳动力素质结构的不同促进制造业的转型与升级，在一定程度上缓解了劳动力结构对制造业产业转型升级的制约作用。房价波动对制造业转型升级影响的演化路径，如图 2.3 所示。

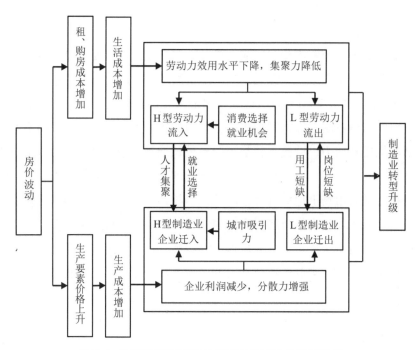

图 2.3　房价波动对制造业转型升级影响的演化路径

2.3　本章小结

本章首先通过详细梳理产业转型升级理论、劳动力流动理论、房地产经济理论以及新经济地理理论等相关理论，为研究奠定了坚实的理论基础。其次建立了包含房价的核心—边缘模型（C-P 模型），并在分析框架中加入经济发展过程中存在的多种要素对房价水平影响制造业转型升级的具体路径展开探讨。接下来分析了房价的波动对劳动力流动及制造业转型升级产生影响的内在逻辑，指出了房价波动通过影响企业的生产成本直接影响制造业产业转型升级。而房价上涨将会刺激劳动力的流入和流出，影响劳动力的就业选择，以此为路径影响制造业产业转型升级，但过高的房价会引发投资挤出效应，使高技能劳动力被迫从本地流向外地，对消费和经济发展产生抑制作用，从而不利于制造业转型升级。因此，本章通过理论分析认为，在一定范围内的房价波动可以促进制造业的转型升级，但房价过高会抑制制造业产业的优化升级。

3 中国制造业产业转型升级水平 综合指数的测算

本章主要以中国制造业产业转型升级为研究对象展开量化评估。现有关于制造业转型升级水平评估的研究方法已经较丰富，本章在参考已有的评价制造业发展指标体系的基础上，结合制造业转型升级发展的多维影响因素确定各级评估指标，构建了中国制造业产业转型升级评价指标体系，运用熵权法对 2007—2016 年中国制造业产业转型升级水平进行评估与排序。进一步地，对 29 个省（自治区、直辖市）制造业产业转型升级水平做了测度和比较，以全面地观察其发展状况和变化趋势，也为后面房价波动影响制造业产业转型升级的实证分析提供数据。

3.1 引　言

我国制造业自 1978 年改革开放以来发展迅速，并取得了举世瞩目的成就，其产业体系具有门类齐全和独立完整的特征，不但推动了我国工业化和现代化进程，还为增强我国综合国力方面做出了突出贡献。"中国制造"已经遍布世界各地，我国成为名副其实的"世界工厂"。然而，我国制造业与世界先进水平的国家相比在很多方面还存在明显的差距，仍处于"大而不强"的境地。比如，核心技术和关键部件仍然需要从国外引进从而受制于人，资源利用效率低下，产业结构不尽合理，等等。随着新工业革命的兴起以及信息技术的快速发展，全球制造业格局调整步伐加快。为占据制造业价值链的制高点，欧美国家纷纷实施"再工业化"战略。为巩固和加强美国在全球制造业的强国地位，美国在 2009 年公布《美国制造业振兴框架》来推动美国制造业产业转型升级，从而使得美国制造业国际竞争力得到提高和加强。欧洲国家也为制造业的发展陆续制定了相应的战略，如 2009 年英国政府制定了"制造业新战略"，2013 年法国实施"新工业法国"战略，2013 年德国出台了"工业 4.0 战略"。日本也发布了《制造业基础白皮书》。此外，一些发展中国家如印度、越南等国也依靠价格较低的劳动力要素帮助其中低端制造业取得了一定的发展，冲击着依靠劳动力价格优势取胜的中国制造业[126,216-217]。就发展形势而言，国内相关环境的变化为制造业发展带来机遇，如"四化同步"发展使国内需求扩张、信息技术与制造技术深度融合带来制造业变革以及全面深化改革带来制度红利等。此外，由前述可知中国制造业发展面临的挑战包括：发达国家

"再工业化"和发展中国家追赶的"前后夹击",国际需求萎缩以及产能过剩[218-219]。在此背景下,制造业转型升级和跨越发展的任务紧迫而艰巨,而如何有效评价制造业转型升级发展水平以明确制造业发展的优势与不足,成为经济新常态背景下制造业转型升级的重点问题。目前,对中国制造业转型升级评价指标体系问题,仍缺乏明确清晰的认识,绝大多数学者对工业转型升级效果进行评价,少有学者构建指标体系来评价中国制造业转型升级发展水平。为此,本章设计与构建出衡量制造业转型升级的指标体系,采用熵权法测算2007—2016年中国制造业转型升级发展水平综合指数。

3.2　制造业产业转型升级的测度方法

制造业转型升级水平的测度实际上是一个多目标决策问题。已有文献从多方面对制造业产业转型升级进行了测度,且在测度方法的选择上有很多,并且每一种方法都具有各自的含义和特点。本部分主要介绍以下几种测度方法。

3.2.1　以制造业产业结构高度化衡量制造业转型升级发展水平

一是用结构超前值来衡量产业结构高度化。何平等[220]通过构建结构超前值指标来体现产业结构变化的程度和方向,该指标满足的关系:滞后行业的指标值加上超前行业的指标值所得到的结果为0。因此,结构超前值的计算公式为:

$$V_i = \frac{b_i - a_i (1 + r)^n}{B - A} \times 100\% \tag{3.1}$$

其中,V_i是行业i的结构超前值;a_i,A分别是行业i、行业i所在产业大类在基期的增加值;b_i,B分别是行业i、行业i所在产业大类在报告期的增加值;r为行业i所在产业大类的年均增长率;n表示报告期与基期所间隔的年限。若V_i大于0,表示行业i发展相对超前,且该值越大发展越超前。若V_i小于0,说明行业i的发展相对滞后,且值越小发展越滞后。从式(3.1)可以看出,结构超前值主要用于将某一个行业的发展速度与其所在大类行业的发展速度进行比较,不能用于比较该行业的发展速度与同类产业中的其他行业的发展速度。

二是构建产业结构高度化指数。产业结构从低级形式向高级形式演变的过程,或者说资源和要素从生产率较低的部门流向较高部门的过程就是产业结构的高度化。因此,产业结构高度化的本质不但包括比例关系的演进,还包括劳动生产率的提高[221],它能够代表一国或地区经济所取得的实质性进展。彭冲等[222]提出以劳动生产率和各产业产值比重的乘积来衡量产业结构高度化程度,其具体的表达式如下:

$$opt_{it} = \sum_{i=1}^{3} \frac{Y_i}{Y} LP_i, \ i = 1, 2, 3 \tag{3.2}$$

其中，opt_{it} 表示产业结构高度化指数，该值越大，代表着产业高度化程度越高；Y 表示产业产出；LP_i 是经过标准化处理的劳动生产率；i 等于 1，2，3 分别代表制造业高端、中端和低端技术产业。

3.2.2　以制造业产业结构合理化衡量制造业转型升级发展水平

制造业优化升级不但要注重垂直方向的升级，即优化产业结构使其从低端向高端转化，而且要注重各产业链之间的协调性、平衡性，产业结构聚合质量以及合理利用资源程度等，即产业结构的合理化。有多种方法能够测度产业结构合理化的程度，各种方法有其自身的含义和特点。

一是关于结构偏离度的计算。制造业产业结构的合理化实质上指的是各细分行业投入和产出之间的耦合质量，研究者一般通过结构偏离度指标来衡量制造业产业之间的这种耦合，具体的计算公式如下：

$$s_r = \sum_{i=1}^{n} \left| \frac{q_i / l_i}{q / l} - 1 \right| = \sum_{i=1}^{n} \left| \frac{q_i / q}{l_i / l} - 1 \right| \tag{3.3}$$

其中，s_r 为结构偏离度，q_i 代表制造业细分行业 i 的工业总产值，l_i 代表制造业细分行业 i 的从业人员数量，q/l 表示的是生产率水平。当经济均衡时，$q_i/l_i = q/l$，也就是说结构偏离度为 0。同时，q_i/q 代表制造业的产出结构，l_i/l 代表制造业的就业结构，即结构偏离度能够反映出制造业产出结构和就业结构的耦合性。结构偏离度的值越大，制造业产业结构越不合理，制造业发展越偏离均衡状态[223]，即制造业结构偏离度与制造业合理化程度呈负相关关系。换句话说就是当该变量的影响系数小于 0 时，表明制造业结构偏离度值呈下降趋势，制造业的产业结构趋于更加优化、合理状态；反之亦然。

二是关于泰尔指数的计算。由于计算结构偏离度指标的绝对值较为不便，且结构偏离度还忽视了各产业在经济中的重要性，有学者提出采用泰尔指数来衡量制造业的合理化水平。泰尔指数最早是由泰尔在 1967 年提出，又称泰尔熵，主要用于个人间或者地区间收入差距问题的研究。后来，有学者发现泰尔指数其实是一个很好的度量产业结构合理性的指标，从而被引申用于地区产业结构差异的测度。泰尔指数和结构偏离度具有相同的性质，都是与结构合理化呈负相关关系[224]。泰尔指数的计算公式如下：

$$t_1 = \sum_{i=1}^{n} \left(\frac{q_i}{q} \right) \ln \left(\frac{q_i}{l_i} \Big/ \frac{q}{l} \right) \tag{3.4}$$

其中，t_1 是泰尔指数，q_i 代表制造业细分行业 i 的工业总产值，l_i 代表制造业细分行业 i 的从业人员，q 代表制造业行业的总产值，l 代表制造业行业总从业人员，n 表示制造业细分行业数。

三是关于制造业结构合理化指数的计算。某些产业可能会出现"假合理"现象，即不同产业的结构偏离度值可能有正有负，数值之间能够进行相互加减抵消。而泰尔指数没有考虑绝对值的真正作用[225-226]，因此，有学者为进一步完善优化制造业结构合理化指数，融合泰尔指数和结构偏离度指数，为每一个产业赋予一定权重，从而构建了制造业结构合理化指数[227]，其计算公式如下所示：

$$r_{mis} = 1 / \left[\sum_{i=1}^{n} \left(\frac{q_i}{q} \right) \sqrt{\left(\frac{q_i/l_i}{q/l} - 1 \right)^2} \right] \tag{3.5}$$

其中，r_{mis} 表示制造业结构合理化指数。r_{mis} 数值越大，表明制造业产业结构越优化，其产业之间的生产要素配置效率就越高。

3.2.3 构建指标体系评价制造业转型升级发展水平

一些研究者通过构建指标体系来衡量产业转型升级的水平。有学者认为影响某些工业部门生产效率的因素对工业结构转型升级有着重要影响，指出技术创新、经济效益、绿色驱动以及结构优化四大因素是影响中国工业转型升级的重要因素，并将其纳入相关产业转型升级的指标体系，这四个方面共包括 18 项细化指标[228]。陈瑾和何宁[229]受限于各行业数据的可获得性，为避免指标变量太过简单，便构建包含有 20 个详细指标的技术创新、资产配置、人才供给、产出结构、绿色发展和两化融合六个方面的装备制造业转型升级的新综合评价体系。

从上述的研究中可以发现，不管是通过公式还是通过构建指标体系来衡量制造业转型升级水平，每一种方法都有其侧重点。本节在对选题数据的可得性以及研究目的进行综合考虑的基础上，决定构建指标体系来综合评价制造业转型升级发展水平。当前权重的确定方法可以分为两大类：分别是主观赋权法和客观赋权法。主观赋权法是根据决策者主管信息进行赋权的一类方法，主要有德尔菲法、模糊模式识别法和层次分析法等。这类方法主观随意性较大，没有充分考虑客观历史数据的重要性。客观赋权法则是采用某种数学方法，依据原始数据之间存在的某种数理关系来赋予比重，其重在强调客观数据，主要包括离差最大化决策、多目标规划法和熵权法。本书为避免权重的主观性，在遵从数学规律及严格的数学意义的基础上采用熵权法赋予权重。

熵权法的基本原理为基于各指标之间的变异程度，根据信息熵计算全部指标的熵权，利用计算出来的熵权修正原有全部指标的权重，从而使得到的指标体系权重更为客观准确。用熵权法进行综合评价的基本步骤如下：

（1）建立指标矩阵。

假设存在 n 个评价对象，且每个对象有 m 个评价指标，那么，这些对象和指标就组成了一个 $n \times m$ 的矩阵，称为指标矩阵。

$$\boldsymbol{B} = (b_{ij})_{n \times m} = \begin{pmatrix} b_{11} & b_{12} & \cdots & b_{1m} \\ b_{21} & b_{22} & \cdots & b_{2m} \\ \vdots & \vdots & & \vdots \\ b_{n1} & b_{n2} & \cdots & b_{nm} \end{pmatrix}, \quad i = 1, 2, \cdots, n; \ j = 1, 2, \cdots, m$$

其中, b_{ij} 为第 i 个评价对象的第 j 个评价指标。

（2）原始数据矩阵标准化处理。

由于得到的原始数据差异较大，得出的结果有很大的误差，在决策过程中还不能直接使用上述指标矩阵中的指标，需要对数据进行无量纲化的处理。对正指标无量纲化处理的公式为

$$c_{ij} = \frac{b_{ij} - \min_j\{b_{ij}\}}{\max_j\{b_{ij}\} - \min_j\{b_{ij}\}} \tag{3.6}$$

其中, c_{ij} 为第 i 个评价对象第 j 个评价指标的无量纲化值, $\max_j\{b_{ij}\}$ 为所有评价对象第 j 个指标的最大值, $\min_j\{b_{ij}\}$ 为所有评价对象第 j 个指标的最小值。

对负指标无量纲化处理的公式为

$$c_{ij} = \frac{\max_j\{b_{ij}\} - b_{ij}}{\max_j\{b_{ij}\} - \min_j\{b_{ij}\}} \tag{3.7}$$

无量纲化后得到新的矩阵如下，记为 C :

$$\boldsymbol{C} = (c_{ij})_{n \times m} = \begin{pmatrix} c_{11} & c_{12} & \cdots & c_{1m} \\ c_{21} & c_{22} & \cdots & c_{2m} \\ \vdots & \vdots & & \vdots \\ c_{n1} & c_{n2} & \cdots & c_{nm} \end{pmatrix}$$

（3）各指标权重的确定。

设第 j 个指标的熵值为 D_j , 则

$$D_j = -\varepsilon\left(\sum_{i=1}^{n} q_{ij}\ln q_{ij}\right)$$

其中, $\varepsilon = 1/\ln n$, $q_{ij} = \dfrac{c_{ij} + 1}{\sum\limits_{i=1}^{n}(c_{ij} + 1)}$ 。

差异系数：

$$d_j = 1 - D_j$$

指标权重：

$$W_j = \frac{d_j}{\sum\limits_{i=1}^{n} d_j}(j = 1, 2, \cdots, m)$$

（4）综合指数的确定。

$$\boldsymbol{Z} = \sum_{i=1, j=1}^{n, m} W_j \boldsymbol{C} \tag{3.8}$$

其中, W_j 为每个指标所占的权重, $\boldsymbol{C}$ 为调整后的 $\boldsymbol{B}$ 值。

3.3 制造业产业转型升级水平评价指标体系的构建

构建制造业转型升级水平的评价指标体系对于客观认识我国制造业的转型升级具有重大的意义。在构建指标时，需要结合数据的一些特征和具体测量对象来确定具体的指标。

3.3.1 指标体系建立的原则

所构建的评价指标体系既要反映产业转型升级的内涵，又要综合考虑经济社会、环境目标对产业发展的要求和约束。因此，本节建立的制造业转型升级发展水平测度指标体系，主要作用有几下几个方面：一是，通过建立的指标体系测度各省（自治区、直辖市）的制造业转型升级发展水平，进而了解不同省（自治区、直辖市）在制造业转型升级过程中存在的问题及差距。二是，将测算出的各省市制造业转型升级水平的数据作为后面章节探求房价波动影响制造业转型升级的原始数据。三是，根据测算出来的结果，采取有针对性的措施推动制造业转型升级快速发展以及减小各地区之间制造业转型升级发展的差异。在构建指标体系时需要重点考虑指标选取的合理性问题，这将直接影响评价的质量。因此，在构建制造业转型升级发展水平评价指标体系时，需要遵循科学性、主导性、一致性和特殊性、相对数和绝对数结合、价值成本配比与可获得性、相对独立性等基本原则，并不是把一系列指标进行简单的组合与堆积。

（1）科学性原则。科学性是指所建立的指标体系能够客观地反映出所评价对象的内涵等方面。选取的指标体系一方面要符合制造业转型升级发展的客观规律和基本要求，能够科学地概括制造业转型升级的主要内容和特征，从而为制造业转型升级提供理论依据；另一方面可以对指标进行量化，能够对产业发展现状进行评价，为制造业转型提供决策依据。

（2）主导性原则。选取的制造业转型升级评价指标不可能涵盖所有的指标，但必须较为全面地反映当前区域制造业转型升级发展中迫切需要解决的主要问题，因此，选取指标时需要选择具有代表性、信息量大的指标。

（3）一致性和特殊性原则。在构建指标体系时，指标的一致性和特殊性也是需要考虑的因素。一致性是指所选取的指标要尽量是国内外通用的；特殊性要求结合制造业转型升级本身的特点来选取指标。

（4）相对数和绝对数结合的原则。即指标在总体规模上的对比结果通过绝对数的形式反映，不同指标间的差异程度通过相对数的形式来表示。

（5）价值成本配比与可获得性原则。对于无法获得的数据或者难以获得的数据，亦或者是获得数据的成本大于该指标本身的价值时，应该对这些指标予以舍弃。

（6）相对独立性原则。在指标选取过程中，很难避免各个指标间存在的交叉耦合现象，所以要尽可能地降低各个指标间的关联度，尽最大限度地选取相对独立的指标，从而使评价结果的科学性和准确性得到增加。

3.3.2 制造业产业转型升级水平的指标体系

国务院出台的《工业转型升级规划（2011—2015 年）》文件把自主创新能力、工业增长、产业结构、质量品牌建设、两化融合、资源节约和环境保护等方面的内容作为"十二五"时期工业转型升级的重要目标。此外，2015 年 5 月，国务院印发《中国制造2025》提出的战略任务和重点包括创新能力、信息化与工业化融合、工业基础能力、质量品牌建设、绿色制造、重点领域、制造业结构调整、服务型制造和生产性服务业、制造业国际化发展水平等九个方面的内容[230]。在此基础上，本节归纳总结制造业转型升级的内容，具体包括制造业的发展方式由高污染、高能耗向低污染、低能耗转变，以实现制造业的可持续性发展；全面优化和完善制造业产业结构，提高其技术水平与劳动生产率，推动制造业走新型工业化道路。

我国学者对于产业转型升级的测度方法相对丰富，岳意定和谢伟峰[231]在综合考虑工业转型升级的内涵与特征的情况下，从产业结构、资源节约、工业发展、技术创新、信息化与工业化融合、对外开放六个方面构建指标来反映工业转型升级的发展水平，明确了不同指标对于工业转型升级的不同影响程度。装备制造业产业结构升级具体表现为装备制造业产业结构的合理化和高度化，是在一般分工所形成的系统内部进一步进行特殊分工而形成的更加细化的结构升级[232-233]。有学者从产业结构高度化和合理化两个维度，选取技术结构高度化、资产结构高度化、市场需求适应系数、行业间协调程度、劳动力结构高度化和产值结构高度化六个方面的 11 个指标来测度装备制造业产业结构升级程度[234]，从而有效地衡量了装备制造业的升级水平。李平等[235]从工业化、工业现代化、工业文明三个层面对"制造业可持续发展"进行了分析，为探究中国制造业可持续发展，以总量指标、结构指标、技术指标、能源环境指标为中心构建了指标体系。还有学者在遵循指标体系构建理论的基础上，以"劳动—资金—技术密集型"的升级为依据，从制造业生产要素、市场需求及竞争力三个方面选取具体的指标对制造业转型升级监测指标体系进行了构建[236]。装备制造业内部结构升级包含的技术结构、资产结构、劳动力结构和产值结构这四个子系统之间是密切联系的。因此，有学者从这四个方面建立了装备制造业内部结构升级的测度指标体系[237]。此外，《中国制造2025》采用了创新能力、质量效益、两化融合、绿色发展四大类共 12 项指标评价制造业的发展。

通过梳理产业转型升级测度相关文献，且基于制造业转型升级内涵进行目标分解，本节将制造业的转型升级水平归纳为以下四个方面：质量效益、创新能力、信息技术和绿色发展，如图 3.1 所示。并试图从这四个维度建立科学的评价体系，客观、准确地测度制造业转型升级指数,以及客观评价制造业转型升级状况及动态趋势,有助于发现各省制造业转型升级水平的差别和侧重。

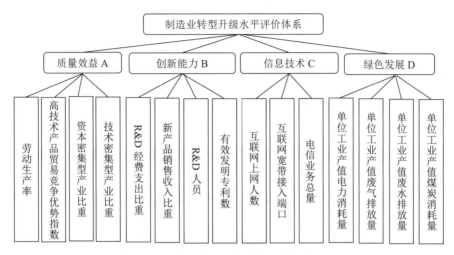

图 3.1　制造业转型升级发展水平评价体系

3.3.3　制造业产业转型升级水平的指标说明

本节从质量效益、创新能力、信息技术和绿色发展四个方面构建了 15 项指标对我国制造业产业转型升级水平进行截面数据分析以及时间序列分析,指标说明具体见表 3.1。评价指标的确立主要是在对相关文献进行收集和总结的基础上分析而来,根据研究对象以及研究目的的不同,所构建的指标体系的侧重点也是不同的,但都是从研究对象的自身性质特点出发,构建与之相适应的指标体系。

表 3.1　制造业转型升级水平评价指标解释与说明

目标层	准则层	代码	指标层	指标解释	指标单位	指标属性
制造业转型升级水平评价体系	质量效益 A	A1	劳动生产率	制造业总产值与制造业从业人员数之比	万元/人	正指标
		A2	高技术产品贸易竞争优势指数	高技术产品进出口贸易的差额占进出口总额的比重	%	正指标
		A3	资本密集型产业比重	资本密集型产业总产值与制造业总产值之比	%	正指标
		A4	技术密集型产业比重	技术密集型产业总产值与制造业总产值之比	%	正指标

续表

目标层	准则层	代码	指标层	指标解释	指标单位	指标属性
制造业转型升级水平评价体系	创新能力 B	B1	R&D经费支出比重	高技术产业R&D经费内部支出/高技术产业主营业务收入	%	正指标
		B2	新产品销售收入比重	各地区高技术产业新产品销售收入/高技术产业主营业务收入	%	正指标
		B3	R&D人员	各地区高技术产业R&D人员数量	人	正指标
		B4	有效发明专利数	该地区高技术产业在报告年度拥有的在有效期内的发明专利件数	件	正指标
	信息技术 C	C1	互联网上网人数	使用过互联网的且年龄在6周岁及以上的人数	万人	正指标
		C2	互联网宽带接入端口	用户接入互联网端口的实际使用数量	万个	正指标
		C3	电信业务总量	以货币表示的电信企业为社会提供的各类电信服务的总数量	亿元	正指标
	绿色发展 D	D1	单位工业产值电力消耗量	工业终端电力消耗量/工业总产值	亿千瓦时/亿元	逆指标
		D2	单位工业产值废气排放量	工业废气排放总量/工业总产值	亿标立方米/亿元	逆指标
		D3	单位工业产值废水排放量	工业废水排放总量/工业总产值	万吨/亿元	逆指标
		D4	单位工业产值煤炭消耗量	工业终端煤炭消耗量/工业总产值	万吨/亿元	逆指标

（1）质量效益。

制造业发展质量效益具体表现为制造业结构优化、劳动生产率高、生产技术水平世界领先、占据价值链高端环节等，既是当前制造业发展质量和国际地位的体现，也是制造业高效发展潜力培育水平和挖掘能力的反映。因此，选取劳动生产率、高技术产品贸易竞争优势指数、资本密集型产业比重和技术密集型产业比重四个指标作为衡量制造业发展质量效益指标[122,238-239]。劳动生产率是指根据产业的价值量指标计算的平均每个职工在单位时间内的生产量，该指标是考核产业经济活动的重要指标，通过将制造业总产值除以同一时期全部制造业从业人员数来计算。高技术产品贸易竞争优势指数是对本国生产的高技术产品相对世界市场上供应的他国同种产品来说是否具有竞争优势的反映，计算公式：（高技术产品出口额−高技术产品进口额）／（高技术产品出口额+高技术产品进口额）。制造业结构升级的本质是指制造业产业逐步从劳动密集产业向资本以及技术密集型产业演进。《中国制造2025》结构优化的基本方针也强调：把结构调整作为建设制造强国的关键环节，推动生产型制造转变为服务型制造，走提质增效的发展道路。由此选用资本密集型产业和技术密集型产业总产值占制造业总产值的比重来体现制造业发展质量效益水平。本节从要素密集程度的视角对制造业进行划分，即分成劳动、资本和技术密集型产业。资本密集型产业包括九个制造业细分行业，分别是饮料、烟草、造纸、石油加工与炼焦及核燃料、化学原料及化学制品、化学纤维、通用设备制造业、黑色金属冶炼及压延加工业、有色金属冶炼及压延加工业。技术密集型产业包括六个制造业细分行业：专用设备行业、医药行业、交通运输设备行业（汽车制造业、铁路、船舶、航空航天和其他运输设备制造业）、电气机械及器材行业、仪器仪表文化办公用机械行业、通信设备计算机及其他电子行业。其余的制造业细分行业则属于劳动密集型产业。

（2）创新能力。

创新是制造业转型升级的关键环节以及主要推动因素[240-241]，创新能力的评价指标有多种，我国学者[242-243]一般采用两种：一是采用产业的专利申请数量，因为专利是研发活动的直接产出；二是采用研发投入经费的方式来衡量创新能力，经费越高则创新能力越强。本节创新能力评价指标体系构建主要依据《中国制造业发展研究报告》（2004—2015年）文件，从R&D经费支出比重、新产品销售收入比重、R&D人员以及有效发明专利数四个方面对制造业创新能力进行评估。R&D经费内部支出不但包括用于R&D活动的直接支出，而且包括用于R&D活动的管理费、服务费以及与R&D有关的基本建设支出、外协加工费等间接支出，是内部开展R&D活动的实际支出。R&D经费支出比重的计算公式：高技术产业R&D经费内部支出/高技术产业主营业务收入。新产品销售收入比重的计算公式：高技术产业新产品销售收入/高技术产业主营业务收入。R&D人员是用于比较科技人力投入的指标，指各地区高技术产业内直接参加基础研究、应用研究和试验发展三类项目活动的人员，以及与这三类项目相关的管理人员和直接服务人员（指直接为研发活动提供资料文献、材料供应、设备维护等服务的人员）。有效发明专利数是专利权人在报告年度拥有的、经国内外知识产权行政部门授权且在有效期内的发明专利件数。高技术产业代表新兴技术的应用规模，科技含量越高的产品竞争力就越强，选取该地区高技术产业在报告年度拥有的在有效期内的发明专利件数作为制造业有效发明专利数的代理变量。

（3）信息技术。

信息技术有助于企业与内外环境之间开展信息收集、处理、沟通、交换等活动，能间接影响制造企业的投入产出能力、资源要素转换能力，进而增强制造企业的市场竞争优势[244]。在提升全要素生产率时按要素分类的技术、资本和劳动密集型厂商对信息技术的利用程度存在差距，从而推动制造业的转型升级[245]。通过应用信息技术对制造业生产组织方式进行变革，使产品的附加值逐渐提高，这表明，信息技术在制造业转型升级中起重要作用，其应用是促进制造业转型升级的重要途径[246]。信息技术可通过多层次把政府、企业、中介等社会资源的优势结合起来，从而打造跨领域的协同创新平台，协同创新平台上的成员通过协同设计、开发以及协同制造新产品，有利于实现制造业产业的关键技术和共性技术的突破。

信息技术的特征主要表现在智能化、数字化等方面，信息技术的应用主要由计算机硬件和软件、应用软件开发工具、网络和通信技术所组成。20世纪以来，随着计算机技术以及互联网技术的高速发展和大量普及，信息应用得到高速发展，用计算机采集、传输、存储、加工和表达各种形式的信息也变得越来越普遍。因此，本节从互联网上网人数、互联网宽带接入端口、电信业务总量这三个方面探讨信息技术发展水平。互联网上网人数是指使用过互联网的6周岁及以上的人数；互联网宽带接入端口包括xDSL、LAN和其他类型互联网宽带接入端口，是指用户接入互联网端口的实际使用数量；电信业务总量是指以货币表示的电信企业为社会提供的各类电信服务的总数量。

（4）绿色发展。

制造业的绿色发展有两个方面的含义：一个方面是指其在生产过程中污染排放量的下降，另一个方面是指其在生产过程中生产能耗的降低。因此，制造业绿色发展的测度应包含能源与环境两个方面的指标，这样能更全面地体现出绿色发展的程度。绿色发展是经济可持续发展的必然选择，也是制造业转型升级的必由之路。制造业企业在生产过程中会排放大量的废水，如果对这些废水不加以处理，将会对环境造成严重污染。能源生产消耗过程中的排放也是环境污染的重要来源之一。我国已经成为世界第一大能源消耗国，环境污染问题也随着能源生产和能源消耗的快速增长而不断凸显，人们生活质量也因此受到影响，所以在评价制造业转型升级时，需要考虑经济发展所带来的环境代价。本节从单位工业产值废气排放量、单位工业产值电力消耗量、单位工业产值煤炭消耗量和单位工业产值废水排放量四个方面反映我国制造业绿色发展水平。相关资料中缺少单独就制造业的电力消耗量、废水排放量、废气排放量、煤炭消耗量的相关数据。因为制造业是工业的主要组成部分，所以采用工业排放量和消耗量来衡量制造业的绿色发展。计算公式分别为：单位工业产值电力消耗量＝工业终端电力消耗量/工业总产值；单位工业产值废水排放量＝工业废水排放总量/工业总产值；单位工业产值废气排放量＝工业废气排放总量/工业总产值；单位工业产值煤炭消耗量＝工业终端煤炭消耗量/工业总产值。单位工业产值电力消耗量是指一定时期内每亿元制造业产值的综合电力消费量，它是反映制造业企业对电力的利用程度和节能降耗状况的重要指标，属于逆向指标。单位产值电力消耗量越小，表明制造业企业的电力利用效率越高，节能降耗状况越好。其他三个指标类似，均属于逆向指标。

本节将制造业行业合并整理为 28 个行业，时间跨度为 2007—2016 年。由于青海和西藏的很多项指标严重缺失，故本节评价对象只包括除青海和西藏之外的 29 个省级行政区，且部分缺失值用算术平均数补齐。劳动生产率、资本密集型产业比重、技术密集型产业比重的数据来源于 2008—2012 年《中国工业经济统计年鉴》、2013—2017 年《中国工业统计年鉴》；R&D 经费支出比重、新产品销售收入比重、R&D 人员和有效发明专利数的数据来源于 2008—2017 年《中国高技术产业统计年鉴》、2008—2017 年《中国科技统计年鉴》、中华人民共和国科学技术部、中国国家统计局和中华人民共和国国家发展和改革委员会；互联网上网人数、互联网宽带接入端口和电信业务总量的数据来源于 2008—2017 年《中国统计年鉴》；单位工业产值电力消耗量、单位工业产值废水排放量、单位工业产值废气排放量和单位工业产值煤炭消耗量的数据来源于 EPS 数据平台、2008—2017 年的《中国统计年鉴》和《中国环境统计年鉴》。

3.4 中国制造业产业转型升级水平的测度

3.4.1 中国制造业产业转型升级水平的整体评价

根据表 3.1，得到中国制造业转型升级水平各指标的原始数值，如表 3.2 所示。

表 3.2 制造业转型升级水平指标值

	2007	2008	2009	2010	2011	2012	2013	2014	2015	2016
A1	67.137 2	60.546 2	65.374 1	76.553 2	95.336 2	98.990 5	104.384 2	109.842 6	114.035 5	123.463 3
A2	0.095 9	0.097 5	0.097 7	0.088 2	0.084 7	0.085 1	0.083 8	0.090 1	0.088 2	0.071 5
A3	0.42	0.424 1	0.402 1	0.405 3	0.415 3	0.367 2	0.357 7	0.347 9	0.328 4	0.319 5
A4	0.345 1	0.335 4	0.346 3	0.348 1	0.338 6	0.305 7	0.307 8	0.314	0.325 7	0.335 3
B1	0.011	0.013 3	0.015	0.013	0.016 5	0.017	0.017 5	0.017 9	0.018 8	0.019
B2	0.207 3	0.248 1	0.230 6	0.219 9	0.256 7	0.250 1	0.269 2	0.279	0.296 2	0.311 6
B3	478 115	564 873	474 626	463 392	618 354	774 054	840 824	893 959	923 455	988 100
B4	13 381	29 529	41 146	50 166	82 183	115 730	138 757	180 551	241 328	316 533
C1	20 905	29 640	38 202	45 461	51 013	56 061	61 369	64 430	68 364	72 657
C2	8 284.4	10 853.5	13 787	18 711.5	23 150.6	31 962.1	35 783.4	40 364	57 450.5	70 907.2
C3	18 456.68	22 115.45	25 414.18	29 819.65	11 656.04	12 894.99	15 602.98	18 015.69	23 190.84	15 516.77
D1	0.050 4	0.050 6	0.047	0.042 1	0.039 5	0.037 5	0.035 3	0.034 3	0.034 7	0.031 8
D2	0.972	0.843 4	0.808 8	0.754 1	0.810 2	0.694	0.652 5	0.631	0.617	0.489 7
D3	6.195 5	5.070 7	4.365	3.461 5	2.784 4	2.431 1	2.054 7	1.876 6	1.802 9	1.394 8
D4	0.217 7	0.196 1	0.183 4	0.145 5	0.130 4	0.121 4	0.095 7	0.091 4	0.087 3	0.081 4

根据表 3.2 的数据，利用熵权法公式可以得出制造业转型升级水平各个指标的权重，具体见表 3.3。由表 3.3 可知，制造业转型升级水平指标相对重要性由大到小的排名顺序为创新能力（权重为 0.283 9，排名第一）、质量效益（权重为 0.274 3，排名第二）、绿色发展（权重为 0.247 6，排名第三）和信息技术（权重为 0.194 2，排名第四），这说明中国制造业在转型升级的过程中，当前最主要的还是依赖制造业的创新能力。

表 3.3　制造业转型升级水平指标权重

指标	A				B				C			D			
指标	A1	A2	A3	A4	B1	B2	B3	B4	C1	C2	C3	D1	D2	D3	D4
权重	0.075 3	0.045 6	0.076 3	0.077 1	0.059 3	0.059 3	0.092 9	0.072 4	0.058 8	0.071 9	0.063 5	0.076 1	0.047 2	0.056 3	0.068
权重	0.274 3				0.283 9				0.194 2			0.247 6			

根据表 3.2、表 3.3 以及变量指标的说明，按照熵权法的计算步骤，得出 2007—2016 年中国制造业转型升级发展水平的各指标数值（见表 3.4）。从表 3.4 可以看出，质量效益整体表现为波动下降趋势，创新能力则表现为先上升后下降再上升的态势，信息技术在这十年期间存在三个拐点，整体呈现稳步上升趋势，2007 年信息技术的数值为 0.023 8，到 2016 年上升到 0.144 2，说明我国制造业企业办公自动化系统的应用普及率得到了提高，在采购、生产制造、销售等各环节逐步实现了信息化。在《中国制造 2025》背景下，信息技术将持续通过自身辐射能力推动制造业转型升级。此外，绿色发展整体上呈现强劲上涨趋势，其 2007 年的数值为 0.000 7，到 2016 年数值为 0.247 6，增长了 352.71 倍；且在 2012 年以后其数值均在 0.2 以上，可能原因是中共十八大召开将生态文明建设囊括在总布局中，各制造企业重视产业的绿色发展，因此，制造业的绿色发展能力在制造业转型升级过程中发挥着越来越重要的作用。

表 3.4　处理后的 2007—2016 年中国制造业转型升级水平指标值

时间	质量效益 A	创新能力 B	信息技术 C	绿色发展 D	综合指数
2007	0.195 3	0.002 6	0.023 8	0.000 7	0.222 4
2008	0.175 5	0.062 3	0.049 4	0.036 5	0.323 7
2009	0.185 5	0.051 6	0.074 1	0.069 1	0.380 3
2010	0.187 8	0.030 9	0.103 4	0.124	0.446 1
2011	0.194 4	0.112 7	0.051 3	0.144 2	0.502 6
2012	0.104 4	0.148 1	0.071 5	0.172 7	0.496 7
2013	0.105 6	0.180 6	0.091 4	0.202 8	0.580 4
2014	0.127 3	0.208	0.108 5	0.213	0.656 8
2015	0.135 8	0.244 2	0.150 7	0.215 8	0.746 5

续表

时间	质量效益 A	创新能力 B	信息技术 C	绿色发展 D	综合指数
2016	0.129 3	0.283 8	0.144 2	0.247 6	0.804 9

注：在选定的时期内，制造业转型升级水平的指标值反映的是一个相对水平，而不是一个绝对值。由于选取的指标都进行了无量纲化处理，因此制造业转型升级发展水平的评分在 0 和 1 之间。

图 3.2 显示了 2007—2016 年制造业转型升级水平综合指数，整体来看制造业转型升级水平呈现上升的态势，2007 年制造业转型升级发展水平的综合指数为 0.222 4，2016 年增长到 0.804 9。在这十年期间制造业转型升级水平发展的拐点出现在 2012 年，在这一年制造业在质量效益方面的能力显著下降，主要原因可能是这一时期发生了很多与制造业相关的大事件。如 2012 年 2 月，中华人民共和国工业和信息化部等四部委联合发布了《重大技术装备自主创新指导目录》；2012 年 5 月，中华人民共和国工业和信息化部印发了《高端装备制造业"十二五"发展规划》；国务院于 2012 年 10 月颁布了《能源发展"十二五"规划》。虽然改革的步伐使得 2012 年制造业转型升级水平受到影响，但也为下一阶段制造业转型升级发展带来了新的动力。

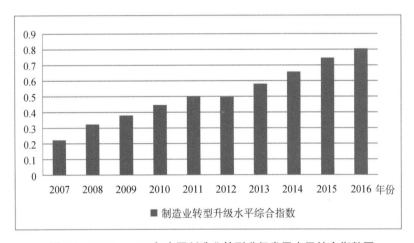

图 3.2　2007—2016 年中国制造业转型升级发展水平综合指数图

3.4.2　各省（自治区、直辖市）制造业转型升级水平综合指数的测度

从表 3.5 中可以发现，中国各省（自治区、直辖市）制造业转型升级水平存在明显差异，2007 年，广东、北京、江苏、上海、浙江的制造业转型升级综合指数在全国排名前五。2008—2009 年转型升级发展水平虽有微弱变动，综合指数的前五名都为广东、北京、上海、天津、江苏这五个省（直辖市）。2010 年制造业转型升级综合指数的前五名分别是广东、江苏、上海、北京、山东。这是山东首次进入前五。2011—2016 年广东、江苏、北京、山东、浙江的制造业转型升级综合指数稳居前五。广东的制造业转型

升级综合指数在这十年间均排在第一位。主要原因是广东省把新一代信息技术、高端装备制造、新能源汽车等七大战略性新兴产业作为发展的重点，并且还把智能制造作为推进制造业转型升级的核心和主攻方向，借助互联网，引领制造业转型升级。2007—2016年，在所研究的 29 个省（自治区、直辖市）中制造业转型升级水平排名最低的有山西、内蒙古、宁夏、广西、贵州，且山西和宁夏均出现三次，内蒙古出现了两次，贵州和广西出现了一次。总体而言，东部地区制造业转型升级水平的综合指数高于中西部地区的。

表 3.5　2007—2016 年中国各省市制造业转型升级发展水平综合指数

	综合指数									
	2007	2008	2009	2010	2011	2012	2013	2014	2015	2016
北京	0.574 9	0.540 2	0.564 5	0.476 7	0.518 1	0.533 6	0.553 3	0.511 9	0.545 5	0.509 3
天津	0.519 8	0.515 2	0.525 7	0.450 4	0.475 6	0.482 5	0.497 1	0.439 7	0.514 3	0.485 7
河北	0.378 8	0.396 9	0.417 6	0.410 3	0.417	0.410 1	0.423 3	0.424 7	0.451 4	0.443 9
山西	0.319 7	0.297 2	0.320 1	0.310 2	0.304 1	0.305 6	0.284 9	0.258	0.242 9	0.263 9
内蒙古	0.214 6	0.279 8	0.312 8	0.310 5	0.357 8	0.293 3	0.281 1	0.292	0.324 8	0.347 5
辽宁	0.437 8	0.432 5	0.456 2	0.426 7	0.468 6	0.447 9	0.47	0.455 8	0.443 4	0.415 8
吉林	0.334 8	0.349 3	0.368	0.319 2	0.340 1	0.313 2	0.330 6	0.331 8	0.344 4	0.358 5
黑龙江	0.393 4	0.336 1	0.377 3	0.373	0.343 5	0.349 1	0.337 4	0.366 7	0.351	0.347 9
上海	0.537 2	0.522	0.536 4	0.478 5	0.473 3	0.447 7	0.454 8	0.462 9	0.464 6	0.451 5
江苏	0.563 5	0.511 8	0.557 1	0.516	0.552 8	0.563 6	0.567 4	0.558 5	0.608 1	0.595 5
浙江	0.525 9	0.477 6	0.508 6	0.449 8	0.498 1	0.539 8	0.559 3	0.521 7	0.628	0.579 7
安徽	0.376 9	0.356 4	0.382 9	0.338	0.388 9	0.411 6	0.399 9	0.383 2	0.453 8	0.457 1
福建	0.479 6	0.392 9	0.409 4	0.374	0.390 3	0.429 4	0.416 9	0.387 3	0.446	0.428 4
江西	0.389 2	0.365 1	0.396 6	0.362	0.374 9	0.352 3	0.366 8	0.357 4	0.386 4	0.370 8
山东	0.499 5	0.466 8	0.513 4	0.469 3	0.511 6	0.512 7	0.525 8	0.528 7	0.564 7	0.543 1
河南	0.374 9	0.375 1	0.395 1	0.357 5	0.361 1	0.328 2	0.469 1	0.402 4	0.495 2	0.487 5
湖北	0.425 4	0.373 2	0.411 3	0.376 4	0.412 8	0.448 4	0.455 5	0.429 9	0.466 6	0.450 8
湖南	0.341 8	0.355	0.403 9	0.352	0.391 6	0.393 5	0.437 8	0.411	0.478 4	0.470 2
广东	0.725 3	0.690 7	0.702 4	0.680 2	0.693 7	0.707 9	0.702 3	0.679 5	0.734 9	0.737 6
广西	0.281 5	0.27	0.277 4	0.268	0.278 6	0.267 3	0.287 4	0.294 3	0.332 5	0.350 9
海南	0.317 3	0.363 3	0.399 5	0.341 9	0.349 2	0.351 3	0.317 3	0.359 2	0.354 6	0.311 4
重庆	0.396	0.351 4	0.372 2	0.350 7	0.392 3	0.326	0.336	0.345	0.430 4	0.410 9
四川	0.447 6	0.381	0.420 5	0.325 3	0.385 5	0.364 9	0.401 3	0.413	0.469	0.442 3

续表

	综合指数									
	2007	2008	2009	2010	2011	2012	2013	2014	2015	2016
贵州	0.277 4	0.244 1	0.29	0.314 3	0.273 6	0.340 1	0.341 8	0.287 8	0.302 8	0.347 1
云南	0.341	0.364 4	0.356 8	0.339 7	0.347 3	0.380 7	0.357 4	0.344 1	0.352 6	0.329 5
陕西	0.456 4	0.384 8	0.392 5	0.394 9	0.415 7	0.452 4	0.437 1	0.449 4	0.456 7	0.438 3
甘肃	0.304 2	0.310 8	0.344 6	0.393 5	0.386 9	0.411 7	0.391 3	0.377 7	0.367 2	0.35
宁夏	0.253	0.275 8	0.246 5	0.257	0.246	0.365 7	0.386 8	0.271 4	0.286	0.295 3
新疆	0.335 2	0.321 6	0.323 4	0.356 9	0.364 2	0.335 6	0.317 6	0.360 1	0.348 6	0.319 5

3.5　本章小结

本书通过综述制造业转型升级相关文献，概括总结了关于中国制造业转型升级的相关测度方法以及测度指标体系的研究进展，从质量效益、创新能力、信息技术以及绿色发展等四大要素出发，选取 15 个指标构建了中国制造业转型升级评价指标体系，接着利用客观赋权法的熵权法确定了各指标的权重，并基于 2007—2016 年中国 29 个省（自治区、直辖市）的面板数据，对中国制造业转型升级发展水平进行定量测度评价。主要结论包括：

（1）中国制造业转型升级评价指标体系中，质量效益是制造业转型升级的中心任务，信息技术是制造业转型升级的关键途径，创新能力是制造业转型升级的强大动力，绿色发展是制造业转型升级的重要着力点。通过测算中国制造业转型升级发展水平的综合指数，得出影响制造业转型升级的主要因素依次是创新能力、质量效益、绿色发展和信息技术，这说明中国制造业在转型升级的过程中，最主要的还是依赖制造业的创新能力。

（2）2007—2016 年中国制造业转型升级水平综合指数整体呈上升的态势，为后续制造业转型升级奠定了较好的基础。质量效益波动较大，是唯一一个整体表现为下降态势，创新能力则表现为先上升后下降再上升的态势，信息技术呈现稳步上升态势，绿色发展整体上呈现强劲上涨态势。

（3）我国各省（自治区、直辖市）制造业转型升级水平存在明显差异，2007—2016 年制造业转型升级综合指数进入过全国前五名的省（直辖市）有广东、北京、江苏、上海、天津、山东、浙江，且广东的制造业转型升级综合指数在这十年间均排在第一位。而制造业转型升级水平排名最低的省（自治区）有内蒙古、贵州、宁夏、广西、山西。总体而言，东部地区制造业转型升级发展水平综合指数高于中西部地区。

4 房价波动与制造业产业转型升级的现状与特征

制造业的转型升级一直为各界所关注，也是产业政策的着力点。在前两章中，简单介绍了房价波动影响制造业转型升级的理论基础，本章将总结和归纳我国房价波动的趋势与特征、阐述制造业的发展现状，并将房价波动的趋势融入对我国劳动力流动和制造业转型升级的现状与特征的研究之中，定性考察房价波动与劳动力流动、房价波动与制造业转型的相关关系。

4.1 我国房价的现状分析

房价过高、房价收入比不合理，不但加重了消费者的购房负担，也造成房地产投资过度，使得该产业畸形发展，容易产生房地产泡沫经济。房价的不断上涨，对制造业行业的发展和制造企业的生产经营都产生了深远的影响。一方面，房地产价格的上涨不仅推动上游产业快速发展，也带动了下游产业的迅猛发展，有助于制造业产业的转型与升级，提升制造业整体效率。另一方面，高房价意味着房地产行业的高利润，资本的逐利性吸引了更多的贷款和社会投资进入房地产行业，甚至部分制造业市场主体转投房地产行业，制造业产业投资下降和融资约束的影响，造成制造业缺乏在生产投资和创新研发上投入，不利于制造业的转型升级。本章节将从房价的内涵及其指标的选取、房价收入比情况、房价水平的区域差异三方面对房价波动的现状展开研究。

4.1.1 房价的内涵及其指标的选取

房地产商品由两个方面组成，一方面是房屋本身，另一方面是房屋所占有的土地。由此，简单来看，土地成本和建筑及安装成本两个模块就构成了房地产的价格。其中地皮成交价格占房地产价格的 60% ~ 70%，占比超过了 50%。房屋的建筑及安装成本是指土地使用权的花费，建造房屋的过程中在材料、人工、机械等上的费用，以及建设好以后的安装费用的总和。根据房地产价格的表现形式，可以分成市场、成交、申报、理论价格等四类价格。市场价格是某一类型的房地产大量成交价格的抽象结果，是该类房地产在市场上的平均交易价格。成交价格是指在房地产交易中买卖双方之间实际达成交易的价格，也叫销售价格。申报价格一般不会大于市场价，是指开发商在房屋建好后、准备售卖之前，登记在政府相关部门的房地产价格。理论价格是供给和需求相等时所形成的价格。

按照现代资产价格理论，房地产作为资产形式之一，房地产资产的价格是房地产资产经济价值的货币表示，主要来源于土地资源的稀缺性、房地产产品的有用性以及消费者对房地产资产的有效需求。通常来说，可以用理论价格法和指标法衡量房地产资产价格。

理论价格法就是通过建立一个有未来收益的贴现模型来衡量房地产价格。在未来收益不确定的条件下，房地产价格为

$$P_t = \frac{P_{t+1} + D_{t+1}}{1 + r_{t+1}} \qquad (4.1)$$

其中，P_t 是 t 期的房地产价格；P_{t+1} 是 $t+1$ 期的房地产价格；D_{t+1} 是房地产在 t 到 $t+1$ 期的收益；r_{t+1} 是 t 到 $t+1$ 期的贴现率，是市场利率与房地产风险溢价之和。r_{t+1} 转换为价格的表达方式为

$$r_{t+1} = \frac{P_{t+1} + D_{t+1}}{P_t} - 1 \qquad (4.2)$$

如果

$$E_t(r_{t+1}) = r \qquad (4.3)$$

也就是预期资产收益率为常数，那么 t 期的房地产价格可以表示为

$$P_t = E_t[\rho(P_{t+1} + D_{t+1})] \qquad (4.4)$$

也就是 t 期房地产价格为 $t+1$ 期的预期价格与资产收益的现值，其中，$\rho = \frac{1}{1+r}$ 为折现因子。通过迭代预期法将式（4.4）向后反复迭代 k 期，可得：

$$P_t = E_t\Big[\sum_{i=1}^{k} \rho^i D_{t+1}\Big] + E_t[\rho^k D_{t+k}] \qquad (4.5)$$

这里假设房地产市场没有泡沫，即 $\lim_{k \to \infty} E_t[\rho^k D_{t+k}] = 0$，在此关系式中，当 k 趋近于无穷大时，

$$P_t = E_t\Big[\sum_{i=1}^{k} \rho^i D_{t+1}\Big] \qquad (4.6)$$

本节只简单介绍几个衡量房地产价格的代表性的指标，如房价收入比、房价增长率与 GDP 增长率的比值、房地产投资与 GDP 的比值。

（1）房价收入比，在数值上等于住房价格除以城市居民家庭年收入[247]。房价收入比能够反映住房支付能力以及住房市场的整体运行状况。该指标的数值越大，意味着房地产市场泡沫越严重，那么居民的承受能力就越弱。该指标能揭示住房市场的种种政策失灵，例如当这一指标异常高时，说明住房的有效需求大于供给，住房的供给制度受到

了限制；当这一指标异常低时，说明普遍的产权不稳定，居民没有意愿去购买住房。一般认为，房价收入比的合理取值范围是 4~6，如果高于 6，则认为房价偏高，可能存在房地产泡沫，且高出越多存在泡沫的可能性也将越大。

（2）房价增长率与 GDP 增长率的比值。该指标用于反映房地产发生资产泡沫的情况，主要是测量房地产行业与国民经济扩张的相对速度。指标数值与发生房地产资产泡沫的概率成正比，且该指标值的合理范围是 0~1，泡沫预警范围是 1~2，房价虚涨泡沫显现的范围是指标值大于 2[248]。

（3）房地产投资与 GDP 的比值。该指标值代表了房地产投资对国内生产总值的贡献，该指标与成为经济增长推动点的可能性正相关，即指标值越大，越有可能成为经济增长的推动点，房地产资产泡沫的可能性也会随之增大。按照国际经验，该比值为 3% ~8% 是比较合理的。

4.1.2 房价收入比现状分析

本节以房价收入比为例，分析房地产价格现状。国际上，通常用住宅套价的中值除以家庭年收入的中值作为房价收入比。在美国等发达国家，每一年都对这两个中值进行了相当准确的统计，因而，可以相当精确地测定这些国家的房价收入比。在我国，没有对这两个数值的中值进行统计，数据可获得性非常低，因此，目前国内较少有学者采用此方法对房价收入比进行测度。也有个别学者[249-250]定义房价收入比为城市的房屋套价中位数除以家户年收入中位数。张清勇[251]在对房价收入比的起源、算法和应用进行全面分析的基础上，提出了运用平均数来计算房价收入比，且这一算法是适合中国国情的。由于微观数据难以获得，且计算出的房价收入比也只代表住户的，并不是通常意义上所说的房价收入比。由于用历史比例换算得到的中位数房价收入比与通过平均数计算出的房价收入比十分接近，在考虑数据的可获得性以及结果准确性的基础上，采用平均数对中国的房价收入比进行测度也是一个可行的选择。吕江林[252]利用平均数计算出了中国的房价收入比，认为这一比值为 4.38~6.78，是中国城市居民能够承受的房价收入比的范围，虽然这种方法与国际公认的定义存在一定的偏差。但由于我国房价和居民收入的平均值均高于中位数，因此根据该方法计算的房价收入比在本质上也是符合定义的，且在现实中误差很小。本节借鉴吕江林[252]的做法，得到的房价收入比的计算公式如下所示：

$$房价收入比 = \frac{商品住宅平均单套价格}{城镇家庭平均可支配年收入} = \frac{商品住宅平均销售价格 \times 商品住宅平均单套销售面积}{城镇家庭人均可支配收入 \times 城镇家庭户均人口数}$$

$$(4.7)$$

（1）在计算过程中，对于城镇家庭户均人口数，由于各城镇户均人口数收集不全，因此均取全国平均水平替代，2007—2016 年分别为 3.045，3.08，3.015，2.895，

2.895，2.91，2.87，2.86，2.97 和 3.01 人，误差不会超过 5%。数据来源于 2008—2017 年《中国人口和就业统计年鉴》。

（2）由于无法获取当年商品住宅平均单套销售面积，用当年商品住宅平均单套竣工面积替代，即商品住宅平均单套竣工面积 $= \dfrac{\text{商品住宅竣工面积}}{\text{商品住宅套数}}$，数据来源于中国国家统计局、中国指数研究院。

（3）城镇家庭人均可支配收入为城镇居民可支配收入。数据来源于 2008—2017 年《中国统计年鉴》。特别说明的是，自 2013 年以来，国家统计局对城乡一体化住户的收支和生活状况进行了调查，但在 2013 年之前是分城镇对住户展开调查，因此，在调查范围、调查方法、指标口径上都有所改变。为使获得的数据更准确，需要统一数据的统计口径，因此，本节对近年发布的新统计口径数据根据当年城镇居民收入同比名义增长速度进行调整，并统一使用原口径数据进行数据分析。

（4）此次统计的住宅为普通商品住宅（包括经济适用房和别墅，但二手房除外）。

根据式（4.7），分别计算全国 29 个省（自治区、直辖市）的商品住宅房价收入比数据。在此基础上，估算出 2007—2016 年 29 个省（自治区、直辖市）的房价收入比均值，结果见表 4.1。

表 4.1　2007—2016 年我国 29 个省（自治区、直辖市）房价收入比

	2007	2008	2009	2010	2011	2012	2013	2014	2015	2016	均值
北京	18.719 7	18.346	18.776 7	20.056 8	16.116 5	15.166 1	13.033 6	11.747	13.985 7	15.146	16.109 4
天津	13.605 7	9.988 4	10.221	10.489 5	10.161 4	9.687	7.274 8	9.354 1	8.341 1	11.26	10.038 3
河北	7.858 5	7.160 9	7.687 9	7.475 2	7.263 1	7.224 2	7.579 1	7.471	7.246 4	7.603 5	7.457
山西	6.600 5	6.612 4	6.635 5	7.900 9	4.834 2	6.775 2	6.599 3	7.271 3	6.822 8	6.545	6.659 7
内蒙古	5.204 7	5.252 8	5.526 9	5.737 5	5.739 2	5.974 7	5.466 4	4.615 1	3.948 7	4.509 4	5.197 5
辽宁	8.098 4	7.105 7	7.200 3	7.226 5	6.722 9	5.987 6	5.615 6	5.338 9	5.331 2	5.208 6	6.383 5
吉林	5.410 4	5.320 9	5.630 4	6.84	7.205 1	5.440 9	5.926 9	5.967 9	6.061 9	5.406 2	5.921 1
黑龙江	6.785 8	6.026 7	6.659 8	7.057	6.62	6.129 9	6.172 1	5.909	5.724 3	5.727 9	6.281 3
上海	13.357 7	10.598 2	15.181 4	17.473 3	13.745 6	11.768 1	11.995 3	11.250 4	13.916 4	14.256 4	13.354 3
江苏	9.173 3	7.666 9	8.909 1	9.737 8	9.166 2	8.569 9	8.490 1	7.866 7	7.411 4	8.294 5	8.528 6
浙江	12.094	11.464 5	12.861 2	14.133 1	13.208 5	12.784 8	12.532 6	11.347 5	9.596	9.248 6	11.927 1
安徽	7.952 9	7.759 8	8.236 6	9.140 8	8.377 6	7.613 9	7.377 1	7.390 5	6.263 2	6.593 7	7.670 6
福建	11.484 8	9.551 4	10.149 4	10.255 3	10.983 4	10.883 4	11.510 4	10.903 9	9.466 3	9.003 7	10.419 2
江西	6.884 3	5.875	6.833 4	7.220 7	8.444 7	8.555 6	8.917 7	7.821 3	7.082 5	6.838 2	7.447 3
山东	7.42	6.207 7	6.934 2	7.192 5	6.961 9	6.689 7	6.843 8	6.584	6.187 8	6.118	6.714
河南	7.458 3	6.320 9	6.599 2	7.061 4	6.492 3	6.566 5	6.858 7	6.276	6.275 2	6.382 6	6.629 1
湖北	9.605 5	7.944	8.450 3	8.411 7	8.030 3	8.599 3	8.108 4	7.566 5	6.986 4	6.616 8	8.031 9

续表

	2007	2008	2009	2010	2011	2012	2013	2014	2015	2016	均值
湖南	7.261 1	6.241 4	6.825 7	7.464 9	7.640 5	6.461 5	6.411 1	5.735 1	5.324 4	5.245 6	6.461 1
广东	12.642 1	11.246 2	11.759	12.142 1	11.694 1	8.712 5	11.507 9	10.597 9	10.441 3	10.899 6	11.164 3
广西	7.538 7	6.820 7	7.458 5	7.518 8	5.850 3	6.595 8	6.857 3	6.469 1	6.271 5	6.559 7	6.794
海南	13.973 7	12.935 7	13.624 1	16.541 8	13.796 3	10.507	11.200 8	11.818 7	10.353 7	6.419 8	12.117 2
重庆	6.673 1	5.868 7	6.630 9	7.498 1	6.990 4	6.142 7	7.411 2	6.517 3	5.174 5	5.099 4	6.400 6
四川	9.371 3	8.758 6	8.804 7	9.121 4	9.191 8	8.930 9	8.052 7	7.042 3	5.997 4	5.179	8.045
贵州	7.221 5	7.698 3	8.025 7	9.367 1	8.911 4	7.847 3	7.124 2	6.485 3	4.497 2	5.037 5	7.221 6
云南	9.128 9	7.777 7	7.962 4	8.092 4	7.930 9	7.755 9	7.610 8	7.613 7	7.549 5	6.466	7.788 8
陕西	8.499 4	7.957 7	7.975 8	8.542 8	9.504 2	8.336	8.245 6	6.887 9	6.680 6	6.566	7.919 6
甘肃	7.863	5.779 4	6.949 9	7.871 8	7.609 7	7.180 5	5.495 8	6.771 2	6.675 3	6.266 9	6.846 4
宁夏	6.025	5.611 9	6.545 1	7.127 4	7.167	6.773 4	6.844 2	5.851 1	5.694 9	4.963 7	6.260 4
新疆	5.877 8	5.606 6	6.489 8	7.142 6	7.313 9	6.864 4	6.658	6.488 7	5.617	5.068 3	6.312 7

由表4.1可见：就29个省（自治区、直辖市）平均而言，2007—2016年我国房价收入比明显大于7。分地区看，除少数省市外，大部分省市的房价收入比都较为接近，约有75.8%的房价收入比位于5~10的区间内。房价收入比的平均值高于10的省（直辖市）有北京、天津、上海、浙江、福建、广东和海南，其中，北京以16.109 4位居榜首，比第二名的上海高出20.63%。此外，河北（7.457）、江苏（8.528 6）、安徽（7.670 6）、江西（7.447 3）、湖北（8.031 9）、四川（8.045）、云南（7.788 8）、贵州（7.221 6）、陕西（7.919 6）的房价收入比也相对较高，处于7~9区间。而山西、内蒙古、辽宁、吉林、黑龙江、山东、河南、湖南、广西、重庆、甘肃、宁夏和新疆这13个省（自治区、直辖市）的房价收入比均值在7以下，相对来说是比较合理的。

图4.1列出了我国年均房价收入比指标在2007—2016年间的动态变化。从图中可

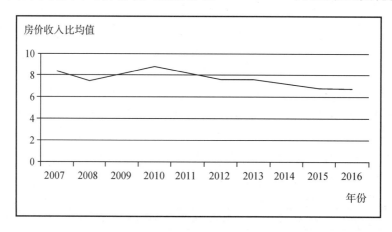

图4.1 2007—2016年我国年均房价收入比变化趋势图

以看到，房价收入比表现为先下降后上升再下降的趋势。2007—2008 年，我国年均房价收入比由 8.380 3 逐步回落至 7.467 9，这是由于宏观调控，中国整体房价下跌，房价收入比也有所下降。2008—2010 年整体呈现上升态势，由 7.467 9 上升至 8.769 1。2010—2016 年，各省市纷纷出台房地产调控政策，比值出现回落。

4.1.3 房价波动的区域差异

近年来，为了有效控制我国房地产投资规模的进一步扩大以及应对房价水平高幅上涨的状况，政府相关部门陆续出台了一系列调控房价的限购政策，从而达到协调各区域房价水平均衡发展的目的。但我国房地产行业区域发展不平衡的特点仍然非常突出，主要表现为不同区域的房价水平和房价增长速度差异显著。由于高经济发展水平和高城镇化水平，东部地区的房价水平及增速均处于领先位置。虽然中部地区和西部地区的经济在近年也得到了长足的发展，但和东部地区相比，仍具有相当明显的差异。

本节针对性地选取北京市商品房平均销售价格作为东部地区房价的代表、湖南省商品房平均销售价格作为中部地区房价的代表以及四川省商品房平均销售价格作为西部地区房价的代表，以考察房价波动情况。图 4.2 为 2007—2016 年十年间北京、湖南、四川以及全国的平均房价变动情况。

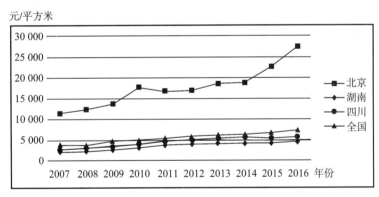

图 4.2 2007—2016 年北京、湖南、四川及全国平均房价波动情况

（数据来源：2008—2017 年《中国统计年鉴》）

由图 4.2 可以看出，北京的房价水平处于全国平均水平之上，且远远高于全国平均水平，而湖南、四川房价水平均略低于全国平均水平，这与中西部地区在房地产行业发展中的差异定位是相符合的。从整体上看，在这十年间，不管是北京、湖南、四川的房价水平，还是全国的平均房价水平都是呈上升趋势。其中，湖南和四川两个省份的房价上涨趋势较为平稳，与全国平均房价上涨趋势大体一致。北京的平均房价水平在这期间波动较大，呈大幅上涨趋势，可能原因是北京所具有的特殊地位，即全国政治文化中心。北京作为我国首都和一线城市，对大量高素质人才具有极大的吸引力，从而增加了当地的住房需求，而北京土地供给面积受到限制，房屋的供不应求从使得房价水平不断攀升。从图中可以看出，北京地区的平均房价在2007年达到了11 553元/平方米，而湖南在2016年的平均房价仅为4 640元/平方米，数值上前者是后者的两倍多，而时间上相差十年之久。这体现了我国一线城市与中西部等欠发达地区显著的房价差异。由于2010年到2011年北京市政府推出了各类房价调控以及限购政策，北京房价的高速增长得以控制，从2010年的17 782元/平方米降到了2011年的16 852元/平方米，而在此后又恢复了增长趋势。四川作为西部省份的代表，其房价水平略低于全国平均水平，但高于中部地区的代表——湖南，湖南的房价水平在所选取的三个地区中是最低的。四川、湖南的房价波动趋势都较为平缓，而在2016年，湖南、四川两省房价水平与全国平均房价之间的差距进一步加大。

4.2　制造业产业发展状态

2011年国家统计局对制造行业分类进行了调整，详见表4.2。为了保证数据的一致性，将以调整后的制造业行业分类为标准[①]，最终选取了28个制造业行业样本。利用我国2007—2016年制造业的相关数据，分别以制造业产值、制造业劳动力情况、制造业R&D经费投入情况以及制造业产品贸易进出口情况来分析制造业产业的产业发展状况。

表4.2　制造业产业分类变化

序号	调整前的制造业产业分类	序号	调整后的制造业产业分类
1	农副食品加工业	1	农副食品加工业
2	食品制造业	2	食品制造业
3	酒、饮料和精制茶制造业	3	酒、饮料和精制茶制造业
4	烟草制品业	4	烟草制品业
5	纺织业	5	纺织业
6	纺织服装、服饰业	6	纺织服装、服饰业
7	皮革、毛皮、羽毛及其制品和制鞋业	7	皮革、毛皮、羽毛及其制品和制鞋业
8	木材加工和木、竹、藤、棕、草制品业	8	木材加工和木、竹、藤、棕、草制品业
9	家具制造业	9	家具制造业
10	造纸和纸制品业	10	造纸和纸制品业
11	印刷和记录媒介复制业	11	印刷和记录媒介复制业
12	文教、工美、体育和娱乐用品制造业	12	文教、工美、体育和娱乐用品制造业
13	石油加工、炼焦和核燃料加工业	13	石油加工、炼焦和核燃料加工业

---

① 汽车制造业与铁路、船舶、航空航天和其他运输设备制造业合并为"交通运输设备制造业"，下同。

续表

序号	调整前的制造业产业分类	序号	调整后的制造业产业分类
14	化学原料和化学制品制造业	14	化学原料和化学制品制造业
15	医药制造业	15	医药制造业
16	化学纤维制造业	16	化学纤维制造业
17	橡胶和塑料制品业	17	橡胶和塑料制品业
18	非金属矿物制品业	18	非金属矿物制品业
19	黑色金属冶炼和压延加工业	19	黑色金属冶炼和压延加工业
20	有色金属冶炼和压延加工业	20	有色金属冶炼和压延加工业
21	金属制品业	21	金属制品业
22	通用设备制造业	22	通用设备制造业
23	专用设备制造业	23	专用设备制造业
24	汽车制造业	24	交通运输设备制造业
25	铁路、船舶、航空航天和其他运输设备制造业	25	电气机械和器材制造业
26	电气机械和器材制造业	26	计算机、通信和其他电子设备制造业
27	计算机、通信和其他电子设备制造业	27	仪器仪表制造业
28	仪器仪表制造业	28	其他制造业
29	其他制造业		

4.2.1 制造业产值情况

图4.3显示了2007—2016年制造业总产值与增长率的变化趋势。从制造业产值增长趋势上看，其呈历年稳定增长趋势，总量增长迅速。2007年制造业总产值为315 823.96亿元，到2016年制造业总产值为1 034 374.99亿元，制造业产值增长了近2.275倍，数值上增长了718 551.03亿元；从年均增长率水平来分析，制造业年均增长率保持在14.09%。受到国内外宏观经济形势的影响，制造业总产值增长率有较大起伏，呈现W形增长态势，即制造业总产值增长率呈现先下降后上升再下降随后上升的变化趋势。2008年，制造业总产值增长率为24.347%，而2009年制造业总产值增长率仅为8.331%，可能原因是2008年的美国"次贷"危机对制造业的影响产生了滞后效应。2010年制造业总产值增速最高，达到了27.647%，此后的五年，增长率持续降低，到2015年，制造业总产值增长率降到2.138%，不过2016年又开始回升。总体上看，制造业增速容易受到宏观经济形势的影响。

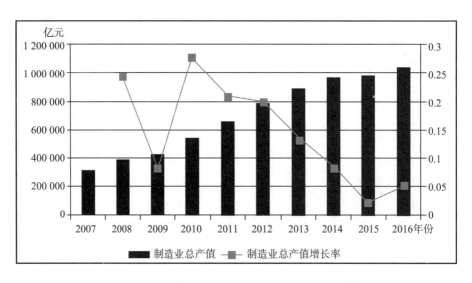

图 4.3　2007—2016 年制造业总产值与增长率①

　　为分析制造业的产业发展状况，有必要对制造业的具体行业进行分析。图 4.4 显示了 2007—2016 年制造业 28 个具体行业的产值情况。从图中可以看出，28 个制造业行业的产值存在明显的差距，其中，计算机、通信和其他电子设备制造业的产值位居第一位，达到了 664 794.19 亿元，明显高于其他制造业行业，优势明显。交通运输设备制造业、化学原料和化学制品制造业分别位列第二、三位，其产值分别达到了 634 313.4 亿元和 594 060.38 亿元。其次是黑色金属冶炼和压延加工业、电气机械和器材制造业，这两大制造业产值均超过了 500 000 亿元，分别为 564 781.52 亿元和 503 761.3 亿元。而产值排名最后的三位分别是家具制造业、印刷和记录媒介复制业以及其他制造业，且其他制造业的产值为 12 592.46 亿元，这一产值仅为计算机、通信和其他电子设备制造业的 1.89%。

4.2.2　制造业劳动力情况

　　图 4.5 显示了 2007—2016 年我国制造业劳动力及其增长率的变动情况。相对于房地产行业而言，制造业属于实体经济，其劳动力投入同经济波动、相关政策的契合程度会相对弱些，需要分析制造业劳动力投入的变动情况。从制造业劳动力总量变化趋势上看，其呈波动上升趋势，总量增长较快。2007 年制造业劳动力总人数为 4 704.16 万人，2016 年制造业劳动力总人数为 8 421.34 万人，制造业劳动力人数增长了近 79.02%，共增长了 3 717.18 万人，且制造业产业劳动力的年均增长率为 6.684%。制造业劳动力增

---

　　①　2012 年之后，国家统计局不再公布不同行业工业总产值这一统计指标的数值。工业销售产值非常接近于工业总产值，采用工业销售产值数据代替工业总产值。数据来源于 2008—2017 年《中国工业统计年鉴》、EPS 数据平台，青海和西藏因数据不全未纳入样本之中。

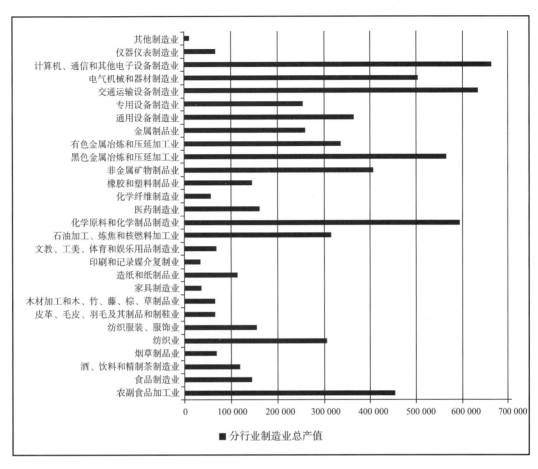

图 4.4 2007—2016 年分行业制造业总产值（单位：亿元）

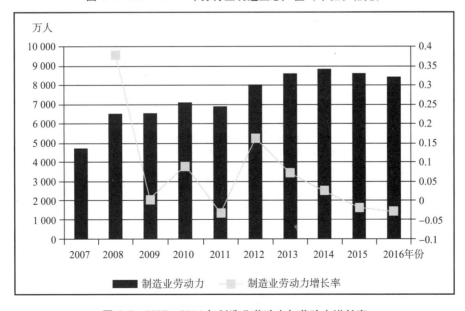

图 4.5 2007—2016 年制造业劳动力与劳动力增长率

长率有较大起伏，2007—2012 年呈 W 形增长态势，即制造业劳动力增长率呈现先下降后上升再下降随后上升的变化趋势。2008—2009 年，制造业劳动力增长率下降的幅度较大，造成这种情况的原因可能是全球金融危机对我国制造业产品的出口额产生了不利影响。由于缺乏核心技术，一些中小型外向加工制造企业遭受严重损失，从而对整个制造业产生负面影响，导致制造业的劳动力投入下降。而在 2009 年制造业劳动力增长速度随着国内经济的逐步好转又再次提升。2013—2016 年，制造业劳动力增长率呈现逐渐降低趋势。此外，2011 年、2015 年以及 2016 年制造业的劳动力数量均呈现负增长，其中，2011 年同比下降最快，达到了−3.06%。

图 4.6 显示了 2007—2016 年制造业 28 个具体行业的劳动力情况。从图中可以看出，28 个制造业行业的劳动力也存在明显的差距，其中，计算机、通信和其他电子设备制造业的劳动力人数位居第一位，达到了 7 890.23 万人，明显高于其他制造业行业的

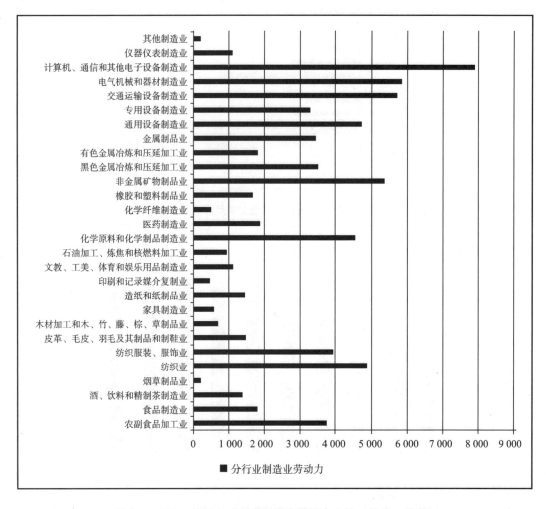

图 4.6 2007—2016 年分行业制造业劳动力人数（单位：万人）

劳动力人数，具有明显的优势。劳动力人数位于第二、三位的制造业行业分别是电气机械和器材制造业、交通运输设备制造业，其劳动力人数分别达到了 5 845.09 万人、5 725.55 万人。紧跟其后的是非金属矿物制品业，该制造业行业的劳动力人数为5 367.84 万人。以上几个制造业行业的劳动力人数都超过了 5 000 万人。而制造业劳动力人数排名最后的三位分别是印刷和记录媒介复制业、其他制造业和烟草制品业，且烟草制品业的劳动力人数为 210.33 万人，这一数值仅为计算机、通信和其他电子设备制造业的 2.67%。

4.2.3　制造业 R&D 经费投入情况

高技术产业①的发展水平对一个国家的国际竞争力以及其在世界经济中的分工地位起决定作用。高技术产业成为世界大国争夺的战略制高点，其所拥有的独占性和创新性是高技术产业竞争力的源泉。因此，以高技术产业的 R&D 经费投入来衡量制造业的技术创新发展状况。

R&D 经费的投入是高技术产业的科技水平反映，对制造业产业的做大做强起重要决定作用。如图 4.7 所示，2007—2016 年，高技术产业的 R&D 经费投入持续增加，总量增长迅速。2007 年，高技术产业的 R&D 经费投入为 545.27 亿元，到 2011 年其经费投入增加到 1 440.83 亿元，增长了 895.56 亿元，到 2016 年，高技术产业的 R&D 经费

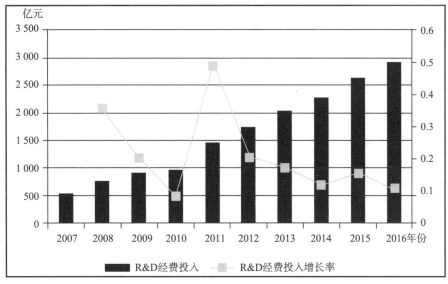

图 4.7　2007—2016 年高技术产业 R&D 经费投入与 R&D 经费投入增长率

---

① 高技术产业（制造业）是指国民经济产业研发投入强度相对较高的制造业行业，国家统计局《高技术产业（制造业）分类 2017》将其分为医疗仪器设备及仪器仪表制造，医药制造，航空、航天器及设备制造，计算机及办公设备制造，电子及通信设备制造，信息化学品制造等六大类。高技术产业技术和知识密集，产品附加值高，此外，该产业的联动效应和驱动效应也很大，可以将其增长效果扩展到国民经济的各个领域。

投入达到 2 914.58 亿元，即将冲破 3 000 亿元。2007—2016 年，其保持了 20.47% 的年平均增速。从 R&D 经费投入增长率看，2012 年之前波动较大，且增长率的最大值出现在 2011 年，达到了 48.89%，增长率的最小值出现在 2010 年，为 8.53%。虽然中国的高技术产业的 R&D 经费投入一直在增加，但还远低于世界发达国家 R&D 经费投入水平。中国制造业要想改变现在的状态，实现制造业变强的目标，那么其在科研能力发展上仍有很长的路要走。

表 4.3 显示了 2007—2016 年 29 省（自治区、直辖市）高技术产业的 R&D 经费投入情况。从表 4.3 中可以发现，我国各省（自治区、直辖市）高技术产业的 R&D 经费投入存在明显差异，2007—2010 年以及 2014—2016 年，高技术产业 R&D 经费投入全国排名前五的省（自治区、直辖市）均是广东、江苏、山东、浙江、上海，排名顺序有微小变动。2011—2013 年高技术产业 R&D 经费投入全国排名前五的省（自治区、直辖市）则为广东、江苏、山东、浙江、北京，且广东、江苏两个省的高技术产业 R&D 经费投入在这十年期间始终位于第一、第二的位置，广东的高技术产业 R&D 经费投入明显高于江苏。而 2007—2016 年，所研究的 29 个省（自治区、直辖市）中高技术产业 R&D 经费投入较低的省份有新疆、宁夏、甘肃、海南、云南、山西、广西、内蒙古，均不到 10 亿元。总体而言，东部地区高技术产业 R&D 经费投入高于中西部地区。

表 4.3　2007—2016 年 29 省（自治区、直辖市）高技术产业 R&D 经费投入

（单位：亿元）

	2007	2008	2009	2010	2011	2012	2013	2014	2015	2016
北京	28.99	43.36	45.47	36.84	74.2	92.22	106.54	110.76	120.22	129.93
天津	15.36	26.46	18.95	22.05	32.15	39.21	45.13	50.98	82.4	69.89
河北	4.44	6.12	7.77	9.08	11.82	15.43	21.67	29.77	38.73	40.94
山西	0.18	0.67	1.89	1.39	2.73	5.2	5.85	4.78	4.28	8.37
内蒙古	0.23	0.42	0.47	0.37	0.74	1.08	1.55	1.85	6.04	9.04
辽宁	12.05	19.42	22.26	25.86	57.7	47.12	53.36	53.31	39.14	36.12
吉林	1.14	1.95	3.57	1.93	6.37	7.28	7.24	9.22	9.36	11.71
黑龙江	5.65	7.58	13.75	15.89	17.3	18.05	21.09	22.83	20.19	24.36
上海	47.21	52.81	63.3	67.36	71.74	90.76	106.15	127.41	128.23	133.82
江苏	73.36	107.9	127.57	135.13	210.74	257.57	279.81	308.43	343.14	388.23
浙江	38.95	55.97	62.16	52.44	86.99	115.53	130.47	153.78	185.33	213.27
安徽	2.86	6.51	6.57	12.21	20.86	22.39	30.14	37.47	51.2	63.55
福建	16.51	21.86	31.57	37.36	52.8	57.78	70.54	80.42	93.63	111.77
江西	5.14	6.34	11.14	10.44	16.45	16.51	21.5	28.14	31.25	30.09

续表

	2007	2008	2009	2010	2011	2012	2013	2014	2015	2016
山东	44.02	58.37	60.06	61.24	99	134.56	156.22	176.01	207.68	222.49
河南	5.75	8.05	12.18	9.9	13.64	16.06	24.95	32.17	43.91	57.59
湖北	9.42	13.48	22.97	19.86	47.51	61.9	73.22	81.6	94.12	103.03
湖南	2.35	8.13	13.79	9.59	20.38	23.11	43.37	46.58	64.05	63.77
广东	180.11	237.61	297.5	363.09	481	576	661.28	725.62	827.19	920.11
广西	1.39	2.08	2.21	1.57	6.52	6.08	6.3	7.24	7.8	8.51
海南	0.03	0.37	1.38	0.97	1.54	2.65	3.9	4.15	4.57	4.07
重庆	3.49	4.55	5.36	6.45	7.18	10.42	16.62	18.48	32.48	44.21
四川	25.99	27.23	28.14	24.75	37.03	38.29	61.84	64.57	81.98	100.68
贵州	3.14	2.6	6.12	9.83	8.3	13.43	15.55	17.4	16.86	19.27
云南	0.66	1.73	1.37	1.73	4.23	5.5	6.11	7.52	8	6.3
陕西	16.08	17.42	22.12	26.19	46.95	55.31	58.32	67.44	76.89	83.76
甘肃	0.33	1.1	1.21	3.03	2.39	2.93	3.05	4.07	3.32	3.91
宁夏	0.43	0.87	0.56	0.77	0.91	1.05	1.48	1.49	2.86	3.44
新疆	0.01	0.01	0.23	0.37	1.66	0.22	0.34	0.47	1.24	2.35

4.2.4　制造业产品贸易进出口情况

一个产业在国际市场的占有情况通常通过产品的出口额来反映，即产品出口额是衡量其国际竞争力的重要指标。从表 4.4 可以看出，2007—2016 年，我国高技术产品贸易出口整体呈增长趋势。2007 年，高技术产品贸易出口额为 3 478.09 亿美元，到 2016 年达到了 6 041.44 亿美元。在这十年期间，其保持了 6.33% 的年平均增速。从高技术产品贸易出口额年增长率看，2010 年的增长率最大，达到了 30.63%，且只有 2009 年、2015 年以及 2016 年的年增长率小于 0。高技术产品贸易进口额变化趋势与出口额的变化趋势相同，2007 年，高技术产品贸易进口额为 2 869.53 亿美元，到 2016 年达到了 5 234.85 亿美元。在这十年期间，共增加了 2 365.32 亿美元，其保持了 6.91% 的年平均增速。高技术产品贸易进出口差额均大于 0，说明中国高技术产品进出口实现了贸易顺差，扭转了以往贸易逆差的局面，且从高新技术产品贸易顺差的变化趋势的角度来看，显示出逐年上升的趋势。高技术产品已成为中国商品贸易的支柱之一，其出口表现较为突出，促进了出口贸易的发展，也促进了中国经济的发展。

表 4.4　2007—2016 年高技术产品贸易进出口额

	2007	2008	2009	2010	2011	2012	2013	2014	2015	2016
出口 /亿美元	3 478.09	4 155.99	3 769.24	4 923.74	5 488.18	6 011.11	6 602.49	6 605.11	6 552.49	6 041.44
年增长率	—	19.49%	-9.31%	30.63%	11.46%	9.53%	9.84%	0.04%	-0.80%	-7.80%
进口 /亿美元	2 869.53	3 417.79	3 098.09	4 125.97	4 630.66	5 067.99	5 581.53	5 512.90	5 490.78	5 234.85
年增长率	—	19.11%	-9.35%	33.18%	12.23%	9.44%	10.13%	-1.23%	-0.40%	-4.66%
差额 /亿美元	608.56	738.20	671.15	797.77	857.52	943.12	1 020.96	1 092.21	1 061.71	806.58

　　表 4.5 显示了 2007—2016 年 29 省（自治区、直辖市）高技术产品贸易进出口情况，且选取了 2007 年、2010 年、2013 年、2016 年四个时间节点的具体进出口额来进行详细分析。从表中可以发现，我国各省（自治区、直辖市）高技术产品贸易进出口存在明显差异，呈现出"东部>中西部"的趋势。且东部地区的广东、江苏以及上海三个省市的高技术产品贸易出口额优势极其明显。中部地区的河南、湖北的高技术产品贸易出口额具有优势，西部地区的四川、陕西以及重庆的高技术产品贸易出口额具有比较明显的优势。从高技术产品贸易进口情况看，同样呈现"东部>中西部"的发展趋势，东部地区高技术产品贸易进口额优势明显的省市包括广东、江苏、上海，中部地区高技术产品贸易进口额具有优势的省市包括湖北、江西，西部地区高技术产品贸易进口额具有比较优势的省市包括四川、陕西。在所研究的 29 个省（自治区、直辖市）中高技术产品贸易进出口额较低的省（自治区）包括贵州、甘肃、内蒙古、吉林、海南、黑龙江、宁夏和新疆，这些省（自治区）大部分属于西部地区。总之，随着资源的日益紧缺、劳动力成本的提高以及国际竞争的加剧，中国高技术产业发展的动力必将是资本和技术的支持。而中国高技术产业不管在省级层面或国际层面的研究开发投入水平、自主创新能力等方面还存在巨大的差异与差距。为了使高新技术产业促进传统产业的发展，我国需要高新技术产业和制造业的全面发展，这要求中国各制造业细分行业、各省（自治区、直辖市）、东中西部地区之间由差异发展向协调发展的格局转变。

表 4.5　2007—2016 年 29 省（自治区、直辖市）高技术产品贸易进出口情况

（单位：百万美元）

	2007		2010		2013		2016	
	出口	进口	出口	进口	出口	进口	出口	进口
北京	14 359	20 142	15 156	23 971	20 353.77	29 218.85	11 318.75	25 495.28
天津	16 265	11 809	14 689	14 046	19 288.81	30 637.32	15 343.75	23 524.39

续表

	2007		2010		2013		2016	
	出口	进口	出口	进口	出口	进口	出口	进口
河北	1 109	583	3 643	1 816	2 810.85	1 142.64	1 894.19	1 073.77
山西	267	347	476	678	3 228.23	943.89	6 291.45	3 280.29
内蒙古	20	108	193	194	109.78	786.59	378.16	798.93
辽宁	3 828	3 286	5 452	4 772	5 430.09	4 556.63	4 806.08	4 823.02
吉林	174	743	262	1 107	385.67	1 921.17	294.79	1 779.83
黑龙江	317	393	176	386	295.54	664.38	190.57	409.33
上海	57 795	56 847	83 935	69 975	88 710.47	79 191	79 057.09	77 713.05
江苏	87 506	58 293	126 898	84 282	127 965.3	93008.69	116 887.2	78 683.53
浙江	10 776	6 201	15 007	8 851	14 276.03	7 667.47	16 848.64	7 983.97
安徽	497	431	540	2145	2 826.39	2 804.87	5 985.49	2 864.48
福建	10 051	5 709	13 033	12 292	15 526.6	14 772.21	12 487.29	13 720.48
江西	512	400	2 827	1 142	3 442.08	1 573.92	4 408.92	3 734.61
山东	8 353	7 459	18 041	16 667	17 393.5	15 621.39	14 749.45	14 590.4
河南	245	365	700	617	20 726.18	14 810.29	28 327.7	19 897.13
湖北	1 405	1 070	3 765	3 096	5 209.05	3 217.22	9 408.82	5 655.7
湖南	242	275	667	634	1 660.23	1 155.95	2 619.38	1 494.16
广东	131 193	106 907	178 863	150 293	256 430.9	218 669.2	213 613.2	189 716.9
广西	205	233	602	462	1 942.25	1 213.4	3 594.94	3 569.55
海南	63	571	161	1 657	570.55	2 086.74	200.53	2 531.31
重庆	181	403	830	983	24 836.26	11 476.26	25 092.83	13 040.81
四川	1 581	2 823	3 999	8 461	19 217.26	13 664.17	15 676.97	15 788.58
贵州	61	77	73	89	154.02	69.26	989.65	278.86
云南	148	240	194	250	2 018.95	1 396.2	1 492.71	610.36
陕西	531	884	1 951	3 101	4 739.02	5 613.95	11 260.99	9 804.27
甘肃	25	55	97	179	241.94	117.8	502.25	497.1
宁夏	14	133	49	140	128.64	37.84	129.96	32.3
新疆	86	166	95	311	330.89	113.56	292.29	92.92

4.3 房价波动对劳动力流动及制造业产业转型升级的影响

4.3.1 我国房价波动与劳动力流动的相关性分析

为考察房价波动与劳动力流动之间的相关关系，不但要分析房价处于正增长时期对制造业劳动力变动的影响，也要分析房价处于负的增长时期对我国制造业劳动力变动的影响，因此，本节以 2008—2016 年我国住宅商品房平均销售价格增长率与制造业劳动力增长率作为考察变量，进行相关性分析。图 4.8 是我国房价波动与制造业劳动力变化趋势对比图，从趋势上看，住宅商品房平均销售价格增长率与制造业劳动力增长率均具有较大的波动性，且制造业劳动力增长率整体呈下降趋势。房价波动对制造业劳动力变动的影响具有一定的阶段性，2010—2011 年以及 2013—2014 年住宅商品房平均销售价格增长率的降低带来制造业劳动力增长率同趋势的降低；2008—2009 年、2012—2013 年以及 2014—2016 年住宅商品房平均销售价格增长率的增加使得制造业劳动力变动趋势回落；而 2009—2010 年以及 2011—2012 年住宅商品房平均销售价格的增长趋势的回落带来制造业劳动力增长的增加。也就是说，房价波动与制造业劳动力流动之间具有一定的相关关系但并不是单纯的正相关或负相关关系，房价波动对制造业劳动力变动的影响存在阶段差异，即在不同时间段内有不同的相关性。

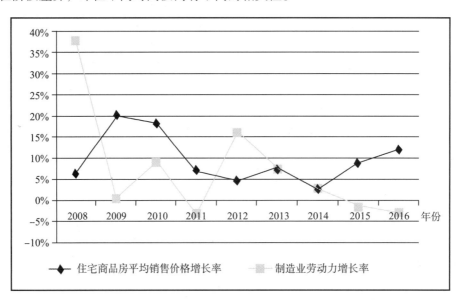

图 4.8　我国房价波动与制造业劳动力变化趋势对比图

4.3.2 我国房价波动与制造业产业转型升级的相关性分析

产业结构高度化是产业结构升级的衡量标准之一，反映了经济发展的阶段和发展方向，以及产业结构由低水平往高水平发展的过程。本节借鉴傅元海等[224]构建的制造业结构高度化指数衡量制造业转型升级水平。即以高端技术产业的工业总产值与中端技术产业的比率来衡量制造业结构高度化程度，以反映制造业技术密集度不断上升的趋势。为了研究住房价格波动与制造业转型升级之间的相关性，不仅需要分析住房价格处于正增长时期对制造业结构高度化变动的影响程度，也要分析房价处于负的增长时期对我国制造业结构高度化变动的影响，因此，本节以 2008—2016 年我国住宅商品房平均销售价格增长率与制造业结构高度化增长率作为考察变量，进行相关性分析。图 4.9 是我国房价波动与制造业转型升级趋势对比图，从图中可以看出，住宅商品房平均销售价格增长率与制造业结构高度化增长率均具有较大的波动性。2008—2013 年以及 2014—2015 年住宅商品房平均销售价格增长率与制造业结构高度化增长率的变化相同，即住宅商品房平均销售价格的快速上涨和增速放缓，带动制造业结构高度化增长率的变大和变小。2013—2014 年住宅商品房平均销售价格的增长趋势回落，但制造业结构高度化增长率变大。2015—2016 年住宅商品房平均销售价格增长率增加，使制造业结构高度化增长率减小。也就是说，房价波动与制造业转型升级之间具有一定的相关关系但并不是单纯的正相关或负相关关系，房价波动对制造业转型升级的影响存在阶段性差异，即在不同时间段内有不同的相关性。因此，后面章节将对我国房价波动对制造业转型升级的影响进行实证分析检验。

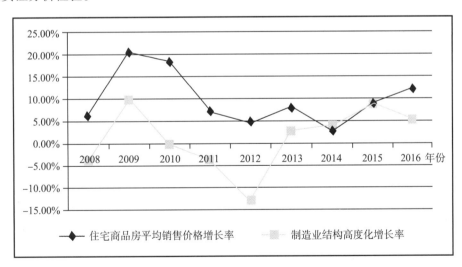

图 4.9　我国房价波动与制造业转型升级趋势对比图

4.3.3　房价波动与制造业产业转型升级的空间分布

此外，还应对 2016 年制造业产业转型升级和房价的区域分布情况进行分析。表 4.6 分析了 2016 年我国制造产业转型升级和房价的区域分布，从制造业相对产值的区域分布来看，江苏、山东、广东处于（2.113，4.743］区间，这些地区是相对产值最高的第一梯队；河南、浙江处于（1.249，2.113］区间，属于相对产值较高的第二梯队；河北、福建、安徽、四川、湖北、湖南、江西、上海处于（0.677，1.249］区间，位于制造业相对产值一般的第三梯队；天津、重庆、吉林、广西、辽宁、陕西处于（0.355，0.677］区间，这些地区制造业的相对产值较低，为第四梯队；其他地区则为第五梯队，相对产值更低。从制造业相对就业率的区域分布来看，处于（3.015，5.56］区间的有广东、江苏，这两个地区的制造业相对就业率最高；山东、浙江、河南位于（1.415，3.015］区间，制造业相对就业率较高；福建、湖北、河北、湖南、安徽、四川、江西处于（0.719，1.415］范围内，这些区域的制造业相对就业率一般；上海、辽宁、重庆、广西、天津、陕西、吉林处于（0.303，0.719］区间，制造业相对就业率较低；新疆、甘肃、宁夏、海南的制造业相对就业率很低。从房价的区域分布可以看出，低房价区域的周边地区房价较低，而与高房价区域临近的地区房价也较高，整体房价极化效应凸显。北京、上海的房价水平到了4.102和3.682，属于第一梯队；天津、浙江、广东、海南、福建、江苏的房价水平属于第二梯队；湖北、河北、辽宁、山东、安徽的房价水平一般，位于第三梯队；其他省份的房价水平较低，则位于第四梯队，如湖南的房价水平为0.555。由此可知，中西部地区房价水平相对较低，沿海地区与内陆地区房地产价格差异性明显。

表4.6 2016年制造业产业升级和房价的区域分布表

	制造业相对产值	制造业相对就业率	相对房价		制造业相对产值	制造业相对就业率	相对房价
北京	0.355	0.303	4.102	河南	2.113	2.299	0.613
天津	0.677	0.456	1.715	湖北	1.249	1.093	0.835
河北	1.169	1.09	0.813	湖南	1.022	1.029	0.555
山西	0.181	0.299	0.615	广东	3.663	5.56	1.444
内蒙古	0.319	0.233	0.517	广西	0.582	0.525	0.648
辽宁	0.504	0.611	0.758	海南	0.04	0.028	1.284
吉林	0.589	0.376	0.635	重庆	0.607	0.594	0.664
黑龙江	0.234	0.234	0.646	四川	1.022	0.983	0.701
上海	0.817	0.719	3.682	贵州	0.224	0.211	0.473
江苏	4.743	4.062	1.142	云南	0.214	0.227	0.618
浙江	1.758	2.479	1.515	陕西	0.441	0.424	0.677
安徽	1.086	0.996	0.726	甘肃	0.134	0.133	0.618
福建	1.125	1.415	1.202	宁夏	0.074	0.074	0.502
江西	0.87	0.849	0.686	新疆	0.157	0.154	0.538
山东	4.374	3.015	0.738				

4.4 本章小结

本章从我国房价的内涵及其指标的选取出发，总结 2007—2016 年期间全国和分地区房价收入比的变动情况以及商品房平均销售价格的区域差异，并从制造业产值情况、制造业劳动力情况、制造业 R&D 经费投入情况以及制造业产品贸易进出口情况等方面来分析制造业产业的发展状况。本章得到以下几点结论：

其一，衡量房地产价格的方法主要有理论价格法和指标法。中国的房价收入比在不同省市之间存在很大的差异，结构性问题突出，表现出了"东高西低"的空间格局，且房价收入比整体呈先下降后上升再下降的变化趋势。不同区域的房价水平和房价增长速度差异显著，东部地区由于其高经济发展水平和高城镇化水平，其房价水平及增速均处于领先位置。

其二，制造业产值情况、制造业劳动力情况、制造业 R&D 经费投入情况以及制造业产品贸易进出口情况整体表现为上涨趋势，但中国制造业的发展明显存在地区和行业差异，制造业在东部地区发展比中西部地区优势明显，要求中国各制造业细分行业、各省份（自治区、直辖市）、东中西部地区之间由差异发展向协调发展的格局转变。

其三，房价波动与制造业转型升级之间具有一定的相关关系，但并不是单纯的正相关或负相关关系，房价波动对制造业转型升级的影响存在阶段性差异，即在不同时间段内有不同的相关性。

5 房价波动影响制造业产业转型升级的实证分析

房价的快速增长和房地产市场的繁荣通过上下游联系带动了其他行业的发展，但居高不下的房价使得居民的住房成本显著增加。而我国人口红利拐点的到来带动了劳动力成本进一步上升，这对我国制造业的转型升级产生深远的影响。本章以相关理论模型为依据，定量分析相对房价波动对制造业转型升级的直接影响。首先指出房价波动与制造业转型升级存在因果关系，然后，从 29 个省（自治区、直辖市）的动态面板数据出发，研究相对房价波动对制造业转型升级的线性和非线性影响，并更深入地讨论分地区相对房价波动对制造业转型升级的影响效应。

5.1 引 言

房地产价格上涨所产生的财富效应能对我国居民的消费和内需产生拉动作用，从而使中国的经济发展保持中高速增长[253-254,22]。然而，有学者认为房地产的影响力和带动力并不强，甚至低于产业平均水平[255]。我国经济的崛起或者说我国的经济由大变强都离不开制造业，且需要振兴制造业。目前，在全球价值链中，我国制造业的中技术、高技术和低技术分别处于上、中、下游位置，增值能力和嵌入位置同时下滑给中技术行业和高技术行业带来边缘性风险，且增值能力弱是影响中国制造业转型升级的关键因素[256]。房地产价格引致的产业结构升级主要是在制造业部门之间发生，房地产价格由低水平向高水平发展所产生的梯度挤压效应会迫使低端制造业发生转移，从而为高端制造业发展腾出更多的空间[257]。虽然关于房地产业和制造业之间的学术成果已经相当丰富，但是，已有文献大部分都没有考虑中国全域性房价上涨现象，对高房价与制造业的转型升级的研究更是少见，更没有针对性地研究房价波动对制造业转型升级的直接影响，即使有这方面的文献，其具体数据也比较陈旧，不能从整体上反映出房价波动与制造业转型升级之间的复杂关系。此外，高房价对我国经济运行和人民生活的各方面都带来了巨大的影响，从长远来看，劳动力价格的上涨也将对制造业乃至整个宏观经济的运行产生巨大的冲击，甚至出现"一业兴而百业衰"的局面。基于上述问题的存在，本节对已有研究作了进一步扩展，以 2007—2016 年这十年的数据为基础，从制造业转型升级的角度，探讨房价波动对制造业转型升级的直接影响。本节的研究对于有效避免房地产泡沫，实现房地产市场理性发展以及制造业等实体经济的创新转型都具有重大的意义和价值。

5.2 房价波动与制造业产业转型升级的因果关系检验

自 1999 年以来，学术界普遍认为我国宏观经济会受到房地产价格波动的影响，并且认为这种影响的效果较为重大。房地产价格不断上升的趋势与我国制造业产业转型升级之间存在一种交互的动态关系（如房地产价格波动与制造业产业转型升级的因果关系）。这种动态关系的理顺，不但需要从理论方面进行分析，也需要从实证方面进行测度。从已有的研究成果看，房地产价格的波动和产业结构变迁之间存在显著的相关关系。因此，本节用计量模型和统计数据检验的方法，考察两个存在相关关系的变量之间是否存在一定的因果关系，如果存在因果关系，找出哪一个是原因，哪一个是结果，也就是要通过对这两者之间的格兰杰因果关系进行考察，从而判定到底是哪一个的变动引起另一个发生改变。对这些问题的讨论可以为我国制造业转型升级提供一些依据，并且可以为政府调控房价提供参考。

5.2.1 单位根检验与面板协整检验

在检验房价波动与制造业转型升级之间的格兰杰因果关系之前，先要进行面板单位根检验，即检验房价波动与制造业转型升级数据的平稳性。对面板数据进行单位根检验有异质面板和同质面板的单位根检验之分。传统的单个时间序列单位根检验会存在小样本误差，而面板单位根检验的主要目的是把个体效应和截面相关性控制在某一水平，以克服前面提到的小样本误差，从而使模型的长期均衡关系得到保证，这一情况也是同阶单整条件下对面板数据进行协整检验的基础。本节选取了 LLC 检验和 IPS 检验两种检验方法。LLC 检验属于同质面板单位根问题的检验，存在截面相关性的面板数据不可使用的很多，所有时间序列或者都有、或者都没有单位根的假设也存在限制，该检验还严重依赖于纵剖面的独立性假设。IPS 检验是侧重于面板数据的异质单位根问题的检验，其不足之处在于，在基本框架中，假设所有纵剖面时间序列的观测期及滞后期都分别相等，这些假设对于平衡面板数据来说是满足的，但对于非平衡面板数据是无法适用的。本节将采取这两种检验方法对房价波动和制造业转型升级数据进行检验，结果见表5.1。从表 5.1 中可以看出，所有变量在 5% 的显著性水平下均显著，也就是说被检验的序列为平稳序列。

表 5.1　房价与制造业转型升级的平稳性检验

指标	LLC 检验	IPS 检验
制造业转型升级（up）	$-1.645\,15^{**}$ $(0.050\,0)$	$-2.239\,50^{**}$ $(0.012\,6)$
房价（rhp）	$-5.106\,24^{***}$ $(0.000\,0)$	$-3.063\,84^{***}$ $(0.001\,1)$

注：$**$ 表示在 5% 的水平上显著，$***$ 表示在 1% 的水平上显著.

按照检验方法的基本思路可将面板数据的协整检验分成两大类：一类是以面板数据协整回归检验式残差数据单位根检验为基础，称为第一代面板协整检验（Engle-Granger 二步法的推广）；另一类称为第二代面板协整检验（Johansen 迹检验方法的推广）。如果以假设检验的原假设来划分，可以把原假设分为不存在协整关系与存在协整关系两类。还可以根据协整检验式结构的稳定性分为不存在结构突变和存在结构突变两类。这里采用面板协整检测方法，该种检验方法由于不需要假设长期误差修正系数等于短期动态调整系数，有效避免了早期检验方法的限制。该检验的结果主要考察了面板数据的截面异质性、截面间样本的相关性、截面内样本数据的序列相关性。两个组统计量 Gt 和 Ga 原假设是一样的，均是至少有一个不存在协整关系，是在面板异质性的条件下对其是否存在协整关系进行检验；面板统计量 Pt 和 Pa 的原假设也是相同的，即所有变量都不存在协整关系，是在考虑面板同质性的条件下检验是否存在协整关系。房地产价格与制造业转型升级的面板数据协整检验结果见表 5.2，两个组统计量 Gt 和 Ga 的 p 值分别为 0.005 和 0.902，仅有组统计量 Gt 通过了 1% 的显著性检验，也就是说拒绝不存在协整关系的原假设，而两个面板统计量 Pt 和 Pa 的 p 值分别为 0 和 0.005，均通过了 1% 的显著性水平检验，也就是说这两个统计量显著拒绝不存在协整关系的原假设。虽然两个组统计量的检验结果存在差别，但两个面板统计量的检验结果是相同的，也就是说有三个统计量在 1% 水平上显著拒绝原假设，表明了检验结果整体拒绝不存在协整关系的原假设，认为房地产价格与制造业转型升级之间存在长期均衡的协整关系。

表 5.2　房价与制造业转型升级的面板协整检验结果

	Value	Z 值	p 值
Gt	-1.478	-2.597	0.005
Ga	-2.709	1.295	0.902
Pt	-7.342	-3.935	0
Pa	-2.405	-2.564	0.005

5.2.2　格兰杰因果关系检验

格兰杰因果关系检验由克莱夫·格兰杰（Clive W. J. Granger）开创，是一种用于分析经济变量之间因果关系的方法。他给格兰杰因果关系定义为"依赖于使用过去某些时点上所有信息的最佳最小二乘预测的方差"。该方法的核心思想是强调具有因果关系的两个变量在时间上存在的先后关系。该检验方法需要估计回归方程，即假设是 y 的时间序列代表着该变量的预测信息，同理，x 的时间序列代表着该变量的预测信息。

$$x_{h,t} = c_1 + \sum_{i=1}^{s} \lambda_i x_{h,t-i} + \sum_{j=1}^{s} \delta_j y_{h,t-j} + \mu_{1t} \tag{5.1}$$

$$y_{h,t} = c_2 + \sum_{i=1}^{q} \alpha_i x_{h,t-i} + \sum_{j=1}^{q} \beta_j y_{h,t-j} + \mu_{2t} \tag{5.2}$$

$$\Delta x_{h,t} = c_1 + \sum_{i=1}^{s} \lambda_i \Delta x_{h,t-i} + \sum_{j=1}^{s} \delta_j \Delta y_{h,t-j} + \mu_{1t} \tag{5.3}$$

$$\Delta y_{h,t} = c_2 + \sum_{i=1}^{q} \alpha_i \Delta x_{h,t-i} + \sum_{j=1}^{q} \beta_j \Delta y_{h,t-j} + \mu_{2t} \tag{5.4}$$

$$\Delta y_{h,t} = c_2 + \sum_{i=1}^{q} \alpha_i \Delta x_{h,t-i} + \sum_{j=1}^{q} \beta_j \Delta y_{h,t-j} + \emptyset\, ecm_{2t-1} + \mu_{2t} \tag{5.5}$$

其中，假定 μ_{1t} 和 μ_{2t} 是不相关的。在式（5.1）中，假设当前 x 与 x 自身以及 y 的过去值有关，其零假设 $H_0: \delta_1 = \delta_2 = \cdots = \delta_s = 0$。在式（5.2）中，假定当前 y 与 y 自身以及 x 的过去值有关，其零假设 $H_0: \alpha_1 = \alpha_2 = \cdots = \alpha_s = 0$。从理论上来说，$x$ 和 y 之间存在以下四种关系：

（1）x 和 y 之间不存在因果关系。如果式（5.1）中滞后 y 的系数估计值显著为零，且式（5.2）中滞后 x 的系数估计值也显著为零，那么，就可以称 x 和 y 是独立的，即 y 既非 x 的因，x 也非 y 的因。

（2）x 和 y 互为因果关系。如果式（5.1）中滞后 y 的系数估计值显著不为零，且式（5.2）中滞后 x 的系数估计值也显著不为零，那么，就称 x 和 y 间存在反馈关系，即 y 是 x 的因，且 x 也是 y 的因。

（3）x 是引起 y 变化的原因。如果式（5.1）中滞后 y 的系数估计值显著为零，而式（5.2）中滞后 x 的系数估计值显著不为零，那么 x 与 y 之间存在单项因果关系，即 x 是 y 的因，而 y 并不是 x 的因。

（4）y 是引起 x 变化的原因。如果式（5.1）中滞后 y 的系数估计值显著不为零，但式（5.2）中滞后 x 的系数估计值显著为零，那么 y 与 x 之间存在单项因果关系，即 y 是 x 的因，而 x 并不是 y 的因。

从格兰杰因果关系检验的定义中可以发现格兰杰因果关系检验过程中包含两个关键问题：平稳性和滞后阶的选取。一般来说，对于任一经济变量的时间序列，如果该变量的均值和方差都不随时间变化，就认为该序列为平稳序列。在对时间序列进行回归分析时，其中有一隐含的假定，即数据都是平稳序列。若有两个变量——变量 x 和变量 y，那么可以根据变量 x 和 y 的平稳性以及这两者之间的协整关系等特征分为以下几种情况：

（1）如果变量 x 和 y 都是平稳序列，则采用 VAR 模型［公式（5.1）与（5.2）］

检验两者的因果关系。

（2）如果变量 x 和 y 均为非平稳但协整序列，则采用 VEC 模型［公式（5.5）］检验两者的因果关系。

（3）如果变量 x 和 y 均为非平稳且不协整序列，则采用差分形式的 VAR 模型［公式（5.3）与（5.4）］检验两者的因果关系。

以下将构造房价波动和制造业转型升级之间的回归模型，以检验变量之间是否存在格兰杰因果关系。

在小样本条件下进行面板格兰杰检验会导致虚假的因果关系，因为时间截面具有不稳定性。也就是说样本的容量越大，时间截面也相应地越长，序列格兰杰因果关系的概率也会随之增大。但在小样本条件下，格兰杰因果关系检验会发生偏误甚至错误的可能。此外，当样本截面的数量小于 20 时，如果两变量之间的格兰杰因果关系的结果通过了显著性水平检验，说明了两个变量之间存在格兰杰因果关系的概率高于 90%；反之，如果两变量之间的格兰杰因果关系的结果没有通过显著性水平检验，那么两个变量真实存在的格兰杰因果关系所具有的概率不好判断。本节房地产价格波动与制造业转型升级的因果关系检验结果见表 5.3。由检验结果可知，当滞后阶数为一阶时，只有一个检验结果通过了 10% 的显著性水平检验，具体来说就是制造业转型升级水平是房地产价格波动的格兰杰原因，而房地产价格波动不是制造业转型升级水平的格兰杰原因；在滞后二阶和三阶，房地产价格波动都是制造业转型升级水平的格兰杰原因，但制造业转型升级水平都不是房地产价格波动的格兰杰原因。综上所述，本节可以得出房地产价格波动是影响制造业转型升级的重要原因。

表 5.3　房地产价格波动与制造业产业转型升级的面板格兰杰因果关系检验

滞后阶数	格兰杰因果关系	F 统计值	p 值
一	房地产价格波动不是制造业转型升级水平的格兰杰原因	0.065 0	0.798 9
	制造业转型升级水平不是房地产价格波动的格兰杰原因	3.677 2	0.056 3
二	房地产价格波动不是制造业转型升级水平的格兰杰原因	3.016 6	0.050 9
	制造业转型升级水平不是房地产价格波动的格兰杰原因	2.203 2	0.112 8
三	房地产价格波动不是制造业转型升级水平的格兰杰原因	2.877 4	0.037 3
	制造业转型升级水平不是房地产价格波动的格兰杰原因	1.772 7	0.153 7

5.3　模型设定与变量选取

5.3.1　计量模型设定

Gereffi[75] 将转型升级引入了全球价值链中，是最早提出转型升级概念的学者，他指出转型升级是企业向技术或者资本密集型企业转变的必要过程。之后，有学者则认为制造业的转型升级就是制造业企业在技术和产品两方面的提升，从而使制造业企业朝着更具获利能力的领域发展[258]。制造业产业结构的优化、发展模式的转变以及产业层次的提升都属于制造业的转型升级，本节的制造业转型升级的水平是用第 3 章测算得到的数据来表示的。为了探究房地产价格变动对制造业转型升级的直接影响作用及作用大小，本节拟建立动态面板数据模型对这两者之间的关系进行实证检验。设定计量模型如下：

$$up_{jt} = \alpha + \rho_1 up_{jt-1} + \rho_2 rhp_{jt} + \rho_3 rw_{jt} + \rho_4 rhp_{jt}^2 + \gamma_1 gov_{jt} + \gamma_2 \ln rd_{jt} + \gamma_3 \ln k_{jt} + \gamma_4 \ln open_{jt} + \varepsilon_{jt}$$

$$(5.6)$$

其中，j 代表全国 29 个省（自治区、直辖市）；t 代表时间；α 为常数项；ρ_1，ρ_2，ρ_3，ρ_4，γ_1，γ_2，γ_3 和 γ_4 为相应的弹性系数；ε_{jt} 为随机误差；up_{jt} 表示在 t 时刻 j 省份的制造业产业转型升级水平；up_{jt-1} 表示滞后一阶的数值，以控制制造业转型升级自身的内生冲击；rhp_{jt} 表示省（自治区、直辖市）j 在 t 时刻的相对房价；rw_{jt} 表示省（自治区、直辖市）j 在 t 时刻的相对工资。在讨论与房地产价格相关的问题时也要考虑收入（这里特指工资）这一因素，因为收入可以抵消一部分高房价所产生的负面作用。为了检验结果的准确性，有必要把房地产价格、工资与制造业转型升级放在相同的框架下进行研究，且把制造业转型升级水平 设置为被解释变量，把房价水平（rhp）和工资（rw）设置为内生解释变量，以避免内生性带来的偏误问题，使估计结果的无偏性和一致性得到保证。制造业转型升级水平是多重因素共同作用的结果，本节为使模型构建得更为全面，在已有文献和理论的基础上，还引入了其他影响制造业转型升级的重要因素，包括政府干预（gov）、研发经费（rd）、资本存量（k）以及对外开放度（$open$）。

5.3.2 变量选取

5.3.2.1 被解释变量

学术界对产业转型升级的测度问题还亟待统一和解决。目前，有产业结构偏离度、垂直专业化指数、产业结构高级化等方法来测度产业的转型升级，或者是通过借助柯布-道格拉斯生产函数、数据包络分析等劳动效率测度或技术提升测度等方法来实现。产业的转型升级是一个极其复杂的过程，包含许多方面的内容，如行业结构、技术结构、产品结构等。因此，选取合适的方法测度转型升级至关重要。本节选择第 3 章测度的制造业转型升级水平综合指数（up）指标来进行研究。

制造业转型升级水平综合指数（up）越大，表明制造业转型升级水平越高。本节采用制造业转型升级水平综合指数（up）作为制造业转型升级的基准变量，另外借鉴傅元海等[224]的做法对制造业结构高度化指数进行构建，以作为稳健性检验的变量之一。即制造业结构高度化指数（$high$）等于高端技术产业工业总产值除以中端技术产业工业总产值，该指标是对制造业技术密集度不断提升趋势的反映。如果制造业结构高度化指数随着房地产价格的上涨而增加，那么可以说明制造业的高度化水平在提升，可以认为房地产价格的上涨对地区制造业转型升级产生促进作用，反之亦然。OECD（经济合作和发展组织）把制造业的各细分行业按照技术密集度分成了低、中低、中高和高技术行业等四类。本节以此为基础，把中高端技术产业也放入到高端技术产业之中，如此一来，制造业各细分行业按技术密集度分成了高端、中端、低端三类，其所包括的制造业具体行业见表5.4所示。

表 5.4　制造业产业按技术密集度划分的技术类别

产业技术类型	制造业具体行业
高端技术制造业产业	仪器仪表，文教、工美、体育和娱乐用品，通用、专用、交通运输设备，电气机械及器材，计算机、通信和其他电子设备，化学原料和化学制品，医药，化学纤维等制造业行业
中端技术制造业产业	金属、非金属矿物、橡胶和塑料等制品业，石油加工、炼焦和核燃料，黑色金属冶炼及压延，有色金属冶炼及压延等加工业
低端技术制造业产业	纺织业，木材加工和木、竹、藤、棕、草，家具，食品，饮料，烟草，纺织服装、鞋、帽制造业，皮革、毛皮、羽毛（绒）及其制业，造纸及纸制品业，农副食品加工业，印刷业和记录媒介的复制业，文教体育用品及其他制造业

5.3.2.2　解释变量

房价水平（rhp）用相对住宅平均销售价格表示，并以房价收入比（hsp）作为稳健性检验变量。相对工资是通过城镇单位就业人员平均工资计算得到的。政府干预（gov）用财政收入与GDP比重来衡量，以反映地区制造业发展受政府部门的干预程度。研发经费（rd）用各地区R&D经费内部支出来衡量。对外开放度（$open$）等于各地区货物（按经营单位所在地划分）进出口总额除以GDP所得到的比重来测度，对外开放不但可以从国外引进国内制造业发展所需的资源、技术、设备，为制造业产业转型升级提供软硬件设施，促进其升级发展，而且能通过消化制造业产能来获取出口所带来的知识溢出，为制造业产业转型升级发展做出贡献。资本存量（k）也会对制造业转型升级产生影响，本节借鉴单豪杰[259]的方法，以永续盘存法对2007—2016年各省（自治区、直辖市）资本存量进行了测算。在对每一个省（自治区、直辖市）的资本存量进行计算的过程中，还需要两个指标的具体数据，这两个指标分别是固定资产投资价格指数（上年＝100）和名义固定资本形成总额。表5.5显示了每一个变量的类型、名称、定义、数据与文献来源。

表 5.5 变量说明表

变量类型	变量名称 （变量符号）	数据来源	变量定义	文献来源
被解释变量	制造业转型升级水平综合指数（*up*）	根据《中国统计年鉴》《中国工业统计年鉴》等相关数据计算得出	构建指标体系来综合评价制造业转型升级发展水平	作者自己测算
	制造业结构高度化（*high*）	原始数据来源于《中国工业统计年鉴》，并根据变量的定义计算得出	高端技术产业工业总产值/中端技术产业工业总产值	傅元海，叶祥松，王展祥[224]
	房价水平（*rhp*）	原始数据来源于《中国统计年鉴》，并根据变量定义计算得出	某一省（自治区、直辖市）*i* 与其他省（自治区、直辖市）的相对房价	高波，陈健，邹琳华[83]
	房价收入比（*hsp*）	原始数据来源于《中国统计年鉴》，并根据变量的定义计算得出	商品住宅平均单套价格/城镇家庭平均可支配年收入	吕江林[252]
	工资（*rw*）	原始数据来源于《中国统计年鉴》，并根据变量的定义计算得出	某一省（自治区、直辖市）*i* 与其他省（自治区、直辖市）的相对工资	毛丰付，王建生，毛璐琪[215]
解释变量	政府干预（*gov*）	原始数据来源于《中国统计年鉴》，并根据变量的定义计算得出	使用财政收入占 GDP 比重度量，用来反映地区制造业发展受政府部门的干预程度	梁榜，张建华[227]
	研发经费（*rd*）	原始数据来源于《中国科技统计年鉴》	各地区 R&D 经费内部支出	赵玉林，裴承晨[260]
	对外开放度（*open*）	原始数据来源于《中国统计年鉴》，并根据变量的定义计算得出	各地区货物（按经营单位所在地划分）进出口总额除以 GDP 所得到的比重	李畅，谢家智，吴超[194]
	资本存量（*k*）	原始数据来源于《中国统计年鉴》，并根据变量的定义计算得出	永续盘存法对 2007—2016 年各省（自治区、直辖市）资本存量进行测算	阳立高，龚世豪，韩峰[261]

注：相对房价等于某一省（自治区、直辖市）的住宅平均销售价格除以其余所有样本的住宅销售价格的均值。

5.4 实证研究

5.4.1 描述性统计分析

本节通过选取全国 29 个省（自治区、直辖市）2007—2016 年的相关数据，构建动态面板数据模型，借助 Stata12 软件，采取两步 System-GMM 估计方法对所构建的模型进行实证分析。由于青海和西藏的制造业各细分行业工业总产值数据缺失太多，因此没有把这两个地方纳入样本之中。本部分把 29 个省（自治区、直辖市）划分为东部、中部以及西部地区[①]。本节的数据主要来源于 2008—2017 年《中国工业经济统计年鉴》、2008—2017 年的《中国统计年鉴》、2008—2017 年的《中国科技统计年鉴》和 EPS 数据平台。为避免异方差，本节还对变量研发经费、对外开放度和资本存量取自然对数。样本中 29 个省（自治区、直辖市）各变量统计值见表 5.6。从表 5.6 中可以看出，在近十年间的全国样本内，相对房价的均值为 1.02，相对房价的标准差是 0.68，相对房价的最大值已达到 4.1，而最低值仅为 0.47，相对房价在时间上的差异较大。分地区看，东部地区相对房价的均值为 1.580，中部地区相对房价的均值为 0.680，西部地区相对房价的均值为 0.660，东部地区与中西部地区的平均相对房价存在较大的差异。从制造业转型升级水平综合指数来看，样本的标准差和均值分别为 0.1 和 0.41，把东部地区、中部地区、西部地区的制造业转型升级水平综合指数与全国平均水平进行比较，可以得出东部地区的制造业转型升级水平在全国制造业转型升级水平之上，而中部地区、西部地区的制造业转型升级水平则处在全国制造业转型升级平均水平之下，同样说明制造业转型升级水平在时间和地域上存在较大差异。

表 5.6 各个变量的描述性统计

区域	统计值类别	*up*	*high*	*rhp*	*hsp*	*rw*	*gov*	*rd*	*k*	*open*
全国	样本均值	0.410	1.510	1.020	8.210	1	0.210	96.63	40 665	0.320
	标准差	0.100	1.150	0.680	2.770	0.280	0.060 0	249.5	30 787	0.380
	最小值	0.210	0.180	0.470	3.950	0.730	0.110	0.320	1 806	0.030
	最大值	0.740	6.890	4.100	20.06	2.070	0.450	2 035	170 000	1.780

---

① 东部地区共包括 11 个省（直辖市），分别是河北省、山东省、上海市、辽宁省、北京市、天津市、江苏省、浙江省、福建省、广东省以及海南省。中部地区共包括 8 个省，分别是安徽省、湖北省、湖南省、江西省、黑龙江省、吉林省、山西省和河南省。西部地区共包括 10 个省（自治区、直辖市），分别是甘肃省、重庆市、四川省、新疆维吾尔自治区、内蒙古自治区、陕西省、宁夏回族自治区、广西壮族自治区、贵州省和云南省。

续表

区域	统计值类别	*up*	*high*	*rhp*	*hsp*	*rw*	*gov*	*rd*	*k*	*open*
东部地区	样本均值	0.490	1.500	1.580	10.38	1.190	0.230	172.6	57 419	0.650
	标准差	0.090	1.150	0.840	3.250	0.370	0.080 0	374.0	36 632	0.440
	最小值	0.310	0.180	0.670	5.210	0.770	0.120	1.350	2 493	0.100
	最大值	0.740	4.860	4.100	20.06	2.070	0.450	2 035	170 000	1.780
中部地区	样本均值	0.370	1.480	0.680	6.890	0.850	0.170	53.15	38 430	0.120
	标准差	0.050 0	1.100	0.080 0	1	0.060 0	0.040 0	111.1	22 492	0.040 0
	最小值	0.240	0.230	0.550	4.830	0.730	0.110	5.070	11 990	0.050 0
	最大值	0.500	4.580	0.870	9.610	0.980	0.290	600.0	130 000	0.200
西部地区	样本均值	0.340	1.550	0.660	6.880	0.920	0.210	47.86	24 022	0.120
	标准差	0.060 0	1.190	0.090 0	1.240	0.070 0	0.040 0	86.88	17 031	0.070 0
	最小值	0.210	0.230	0.470	3.950	0.780	0.140	0.320	1 806	0.030 0
	最大值	0.470	6.890	0.870	9.500	1.080	0.300	561.4	69 941	0.410

5.4.2 单位根检验

为确保估计结果的准确性，使结果不会出现偏差，有必要通过单位根检验来确定数据的平稳性。本节共采用四种单位根检验方法，分别是 ADF 检验、LLC 检验、IPS 检验和 Harris-T 检验，"各变量含有单位根"均是这四种单位根检验的零假设。表 5.7 显示了本部分所需变量的单位根检验结果。从显示的结果可以看出，每一个变量在上述多种检验形式中大都拒绝了存在单位根的零假设，那么，本节所有的变量序列都是零阶单整变量。

表 5.7 面板单位根检验

		检验方法			
		LLC 检验	IPS 检验	ADF 检验	Harris-T 检验
up	统计值	−5.346 7***	−5.448 8***	127.098 6***	−0.023 6***
	p 值	0.000 0	0.000 0	0.000 0	0.000 0
high	统计值	−5.549 2***	−5.872 5***	196.608 9***	−0.045 5***
	p 值	0.000 0	0.000 0	0.000 0	0.000 0
rhp	统计值	−6.591 7***	−1.377 6*	209.640 2***	0.564 8***
	p 值	0.000 0	0.084 2	0.000 0	0.000 8

续表

		检验方法			
		LLC 检验	IPS 检验	ADF 检验	Harris-T 检验
hsp	统计值	−7.602 8***	−2.128 7**	86.504 5***	0.561 1***
	p 值	0.000 0	0.016 6	0.009 0	0.000 6
rw	统计值	−6.498 2***	−4.729 3***	122.697 5***	0.717 2
	p 值	0.000 0	0.000 0	0.000 0	0.422 1
gov	统计值	−7.590 3***	−11.410 9***	142.688 1***	1.013 3
	p 值	0.000 0	0.000 0	0.000 0	0.684 4
$\ln rd$	统计值	−2.212 9**	0.668 2	114.376 4***	−0.501 3***
	p 值	0.013 5	0.748 0	0.000 0	0.000 0
$\ln k$	统计值	−22.607 1***	0.081 3	171.600 1***	0.970 7
	p 值	0.000 0	0.532 4	0.000 0	0.144 7
$\ln open$	统计值	−4.883 0***	−3.913 5***	145.361 4***	0.624 2**
	p 值	0.000 0	0.000 0	0.000 0	0.022 0

注：***、**、*分别表示在1%、5%、10%的置信度水平上显著。

5.4.3 分地区房价波动影响制造业产业转型升级的分析

由于制造业转型升级可能具有持续性，房价（rhp）和工资（rw）变量是内生变量，为有效解决模型变量所具有的内生性以及残差的自相关，需要构建动态面板模型，且动态面板数据模型还能消除模型所具有的个体效应。

本节拟采用两步稳健系统法对构建的动态面板数据模型进行动态的 GMM 估计，具体来说是将制造业转型升级水平综合指数（up）的滞后期、制造业结构高度化（$high$）的滞后期以及房价（rhp）和工资（rw）作为内生变量，其他剩余的解释变量则作为工具变量，通过两步 System-GMM 方法对构建好的模型进行估计。

5.4.3.1 两步稳健系统法回归：全国样本与三大地区子样本

在模型中，分别考察不引入控制变量、引入控制变量以及加入房价二次方项（判断相对房价波动对制造业转型升级的影响是否存在拐点）。表 5.8 是相对房价变动影响制造业转型升级的计量检验结果。从表 5.8 中可以看出，模型（1）、模型（2）、模型（3）一阶自相关检验的 p 值均小于 0.01，也就是显著拒绝原假设，二阶自相关的 p 值分别为 0.063、0.054、0.052，均大于 0.05。Hansen 检验的 p 值分别为 0.214、0.469、0.338，均大于 0.1，即没有拒绝原假设。也就是说模型中的所有工具变量都是有效的，且都通过了过度识别检验。从而验证了这里所设定的模型都是合理的，动态面板 GMM

能有效地得出估计结果。

从模型估计的系数值来看，制造业转型升级的滞后一阶与当前期制造业转型升级的变动方向相同，解释变量参数估计结果与理论推导的结论基本一致。在当前样本范围内，相对房价与制造业转型升级呈现正向变化的趋势，即房价上涨对制造业产业转型升级产生正向的促进作用。具体来看，当不考虑控制变量时，即在模型（1）中，相对房价每增长1%，制造业转型升级水平上升3.55%。而在充分考虑了控制变量的模型（2）中，相对房价与制造业转型升级之间仍表现为显著为正相关关系，只是相对房价对制造业转型升级的影响稍有下降，影响系数为0.007，即相对房价每增长1%，制造业转型升级水平上升0.7%。而在既引入控制变量又引入相对房价二次方项的模型（3）中，房价二次方项的影响系数为负，说明相对房价与制造业转型升级之间存在拐点，是一种非线性关系，整体呈现倒U形，也就是制造业转型升级水平会随着相对房价的上涨呈现一个先上升后下降的趋势，房价上涨最终不利于制造业转型升级。

从表5.8中知政府干预转型对制造业转型升级水平的影响系数在模型（2）和模型（3）分别为-0.135和-0.225，均小于零，且通过了1%的显著性水平检验，说明在当前样本下政府的税收干预在一定程度上对制造业产业转型升级产生负面影响。同时可以看出研发经费投入强度能促进制造业产业转型升级。资本存量的参数估计在制造业转型升级水平模型（2）和模型（3）中为正，且均通过了1%的显著性水平检验，这意味着资本存量有利于制造业转型升级。对外开放度在模型（2）和模型（3）中同样显著为正，对外开放打开了制造业产品流向国外市场的大门，增加了制造业产品的销售途径，为我国制造业的发展提供了更为广阔的空间，有利于制造业的转型升级发展。

表 5.8　相对房价波动影响制造业转型升级的两步 System-GMM 估计结果（全国样本）

	up		
	模型（1）	模型（2）	模型（3）
制造业转型升级的滞后一阶	0.387*** (7.24)	0.450*** (11.11)	0.299*** (7.49)
rhp	0.035 5* (2.34)	0.007** (2.55)	0.019 (1.35)
rw	0.015 3 (0.40)	0.002 (0.43)	0.082*** (4.26)
$rhp \times rhp$			-0.010*** (-4.59)
gov		-0.135*** (-5.26)	-0.225*** (-7.61)

续表

	up		
	模型（1）	模型（2）	模型（3）
ln *rd*		0.002*** （4.25）	0.005*** （5.15）
ln *k*		0.021*** （5.15）	0.025*** （4.75）
ln *open*		0.029*** （10.39）	0.036*** （8.61）
_ *cons*	0.191*** （7.89）	0.061*** （2.78）	0.035 （0.88）
一阶自相关	［0.001］	［0.000］	［0.000］
二阶自相关	［0.063］	［0.054］	［0.052］
Hansen 检验	20.13 ［0.214］	27.91 ［0.469］	27.36 ［0.338］

注：＊＊＊、＊＊和＊代表显著性水平，其分别表示在 1%、5% 和 10% 的显著性水平下显著，（）内为 t 统计量，［］内为 p 值。

尽管已经从全国层面定量分析了 29 个省（自治区、直辖市）相对房价波动对制造业转型升级的影响路径，但由于我国东部地区、中部地区以及西部地区的社会经济发展程度和水平相差较大，在房价水平、工资水平、产业布局与结构等方面都存在显著的不同。因此，为更深入地了解我国制造业转型升级的内在规律，很有必要从地区层面出发进一步探讨各地区相对房价波动对制造业转型升级的影响。关于分地区相对房价波动对制造业转型升级的影响效应，依然使用制造业转型升级水平综合指数（*up*）作为被解释变量。表 5.9、表 5.10 和表 5.11 分别显示了东部地区、中部地区和西部地区相对房价波动影响制造业转型升级的两步 System-GMM 估计结果。

表 5.9　相对房价波动影响制造业转型升级的两步 System-GMM 估计结果（东部地区）

	up		
	模型（4）	模型（5）	模型（6）
制造业转型升级的滞后一阶	0.481** （2.56）	0.241* （2.30）	0.217 （1.12）
*rhp*₁	−0.031 （−1.12）	−0.081* （−2.19）	0.304 （1.17）

续表

	up		
	模型（4）	模型（5）	模型（6）
rw	0.102 (1.33)	0.107* (2.21)	−0.085 (−0.90)
$rhp_1 \times rhp_1$			−0.036 (−1.15)
gov		−0.078 (−0.55)	−0.719 (−1.53)
$\ln rd$		−0.005 (−1.15)	−0.011* (−1.94)
$\ln k$		0.019 (0.81)	0.145 (1.63)
$\ln open$		0.087*** (3.45)	−0.023 (−0.37)
_ cons	0.178* (1.75)	0.258（1.12）	−1.242 (−1.22)
一阶自相关	[0.014]	[0.006]	[0.022]
二阶自相关	[0.047]	[0.152]	[0.672]
Hansen 检验	9.38 [0.897]	7.00 [1.000]	6.01 [1.000]

注：＊＊＊、＊＊和＊代表显著性水平，其分别表示在1%、5%和10%的显著性水平下显著，（）内为 t 统计量，[ ]内为 p 值。

从表5.9中可以看出，模型（4）、模型（5）、模型（6）一阶自相关检验的 p 值分别为0.014、0.006、0.022，分别通过了5%、1%、5%的显著性水平检验，即显著拒绝原假设（不存在一阶自相关）；二阶自相关的 p 值分别为0.047、0.152、0.672，只有模型（4）二阶自相关的 p 值小于0.05。Hansen 检验的 p 值分别为0.897、1.000、1.000，都大于0.1，即没有显著拒绝原假设。也就是说模型（5）和模型（6）中所有工具变量都是有效的，且都通过了过度识别检验。从而也验证了此处所设定的模型是合理的，动态面板的 GMM 估计结果有效。在样本区间内，东部地区相对房价波动与制造业转型升级呈负向变化的线性趋势，这与全国一般趋势恰好相反。但在没有加入控制变量的模型（4）中，影响系数不显著。在加入控制变量的模型（5）中显著为负，影响系数为0.081，即相对房价每上升1个单位，制造业转型升级水平下降0.081个单位。

表明东部地区相对房价上涨不利于制造业的转型升级。在加入相对房价二次方项的模型（6）中，房价二次方项的系数仍然为负，与全国一般趋势相同，即相对房价波动与制造业转型升级之间仍呈现一个倒 U 形的非线性关系。这也在一定程度上说明房价波动对制造业转型升级的影响主要是由东部地区引起的。

在表 5.10 中，中部地区相对房价波动影响制造业转型升级的两步 System-GMM 估计结果显示：模型（8）没有通过一阶自相关检验，其余的模型均通过了有关序列的相关检验，且三个模型均通过了过度识别的检验。在样本区间内，中部地区相对房价波动与制造业转型升级水平呈正向变化的线性趋势，这与全国一般趋势一致。模型（8）相对房价的影响系数通过了 5% 的显著性水平检验，表明在中部地区，相对房价上涨对制造业转型升级的影响为正向促进作用，但是模型（7）相对房价影响系数没有通过显著性检验。此外，在引入相对房价二次方项的模型（9）中，相对房价的二次方项系数为负，但在 10% 的显著性水平下不显著。由此可见，我国为促进中部地区经济发展而在中部地区实施的一系列政策措施（如"中部崛起"等战略）所产生的效果还比较微小，还没有充分实现其效用，中部地区距迈入工业化中期阶段还存在一定的差距。

表 5.10　相对房价波动影响制造业转型升级的两步 System-GMM 估计结果（中部地区）

	up		
	模型（7）	模型（8）	模型（9）
制造业转型升级的滞后一阶	0.477*** (9.09)	0.561 (0.70)	0.356** (2.39)
rhp_2	0.059 (0.99)	0.241** (2.24)	0.635 (0.29)
rw	−0.074 (−0.51)	−0.624 (−0.79)	0.145 (0.79)
$rhp_2 \times rhp_2$			−0.398 (−0.25)
gov		0.251 (0.25)	−0.342* (−1.74)
$\ln rd$		−0.008 (−0.71)	0.002 (0.40)
$\ln k$		0.069* (1.81)	0.041*** (3.09)
$\ln open$		−0.008 (−0.41)	−0.008 (−0.59)

续表

	up		
	模型（7）	模型（8）	模型（9）
_ cons	0.218 ** (2.08)	−0.229 (−0.38)	−0.521 (−0.61)
一阶自相关	［0.077］	［0.285］	［0.001］
二阶自相关	［0.137］	［0.369］	［0.103］
Hansen 检验	7.79 ［0.455］	17.67 ［1.000］	11.52 ［1.000］

注：＊＊＊、＊＊和＊代表显著性水平，其分别表示在1%、5%和10%的显著性水平下显著，（ ）内为 t 统计量，［ ］内为 p 值。

从表5.11中可以看出，三个模型不但通过了有关的序列相关检验，也通过了过度识别检验，从而也可以得出此处所设定的模型是合理的，GMM 估计能有效估计出动态面板的估计结果。在西部地区样本区间内，相对房价波动与制造业转型升级之间的变化趋势与全国一般趋势一致，即呈正向变化的线性趋势，表明在西部地区，相对房价上涨有利于制造业转型升级。在加入相对房价二次方项的模型（12）中，相对房价二次方项的系数为负，且通过了10%的显著性水平检验，说明在西部地区，相对房价与制造业转型升级之间仍呈现倒 U 形的非线性关系。西部地区的经济发展水平较低，制造业产业的发展水平较低，而且企业的生产效率一般比较低，但西部地区在自然、空间等资源方面相对于东部与中部地区而言，仍然存在一定的优势，西部地区省市的房价水平相对较低，它会吸引那些由于房价水平较高导致成本较高的制造业企业迁入，企业迁入后，会带来先进的技术和人才，使西部地区省市的生产效率得到提高，同时也促进了同类制造企业的迁入与制造业产业的集聚。

表 5.11　相对房价波动影响制造业转型升级的两步 System-GMM 估计结果（西部地区）

	up		
	模型（10）	模型（11）	模型（12）
制造业转型升级的滞后一阶	0.656 *** (5.87)	0.446 *** (2.95)	0.373 *** (2.68)
rhp_3	0.048 ** (2.05)	0.094 (1.31)	1.150 * (1.76)
rw	−0.018 (−0.40)	0.053 (0.26)	0.070 (1.22)

续表

	up		
	模型（10）	模型（11）	模型（12）
$rhp_3 \times rhp_3$			-0.785* (-1.67)
gov		0.066 (0.55)	0.113 (1.22)
ln rd		0.014*** (2.74)	0.018*** (3.45)
ln k		-0.012 (-1.33)	-0.016** (-2.28)
ln open		-0.003 (-0.48)	-0.004 (-0.52)
_cons	0.104* (1.75)	0.143 (0.85)	-0.179 (-0.86)
一阶自相关	[0.049]	[0.000]	[0.000]
二阶自相关	[0.723]	[0.623]	[0.757]
Hansen 检验	7.26 [0.508]	6.81 [0.139]	10.29 [0.113]

注：＊＊＊、＊＊和＊代表显著性水平，其分别表示在1%、5%和10%的显著性水平下显著，（ ）内为 t 统计量，［ ］内为 p 值。

5.4.3.2　稳健性检验

虽然两步 System-GMM 方法可以有效地解决内生性所产生的干扰，但是在实证分析的过程中还会有衡量误差的产生。为了使估计结果更加准确，本节还以高端技术产业工业总产值、中端技术产业工业总产值为原始数据，计算出制造业结构高度化指数，即以制造业结构高度化指数（high）作为制造业转型升级的替代变量，并用房价收入比（hsp）替换掉房价进行稳健性检验。本节以全国样本为例，运用两步 System-GMM 方法进行稳健性检验。

表 5.12 是以 high 为被解释变量的回归结果。从表 5.12 可以看出，三个模型均通过了一阶和二阶序列相关检验；从 Hansen 检验的结果可知，所使用的工具变量也不存在过度识别的问题。从三个模型的系数估计值来看，不管有没有考虑控制变量、房价的二

次方项，滞后期制造业结构高度化与当期制造业结构高度化的变动方向相同。当没有考虑控制变量时，房价波动对制造业结构高度化的影响为正，但影响不显著；当加入资本存量、政府干预、研发经费、对外开放度等控制变量后，房价波动对制造业结构高度化的影响为正，且通过了 10% 的显著性水平检验，相对房价每提高 1 个单位，制造业结构高度化指数就会相应地上升 0.213 个单位。在加入相对房价二次方项和控制变量的模型（15）中，房价二次方项的影响系数为负，但没有通过显著性水平检验。因此，使用制造业结构高度化指数作为稳健性检验指标，没有改变本部分所得出的结论。

表 5.12　制造业结构高度化指数作为被解释变量的稳健性检验结果

	high		
	模型（13）	模型（14）	模型（15）
制造业结构高度化的滞后一阶	0.033** (2.29)	0.064* (2.47)	0.046** (2.32)
rhp	0.150 (1.31)	0.213* (1.81)	1.235 (1.63)
rw	0.139 (0.29)	−0.651*** (−3.36)	−2.007*** (−3.62)
$rhp \times rhp$			−0.148 (−1.05)
gov		−0.687 (−0.71)	0.191 (0.24)
$\ln rd$		−0.019 3 (−0.60)	−0.001 (−0.04)
$\ln k$		−0.162** (−2.76)	−0.152*** (−3.19)
$\ln open$		0.110* (2.40)	0.062 (0.46)
_cons	1.164*** (2.95)	3.938*** (6.50)	4.038*** (4.23)
一阶自相关	[0.000]	[0.000]	[0.000]
二阶自相关	[0.335]	[0.226]	[0.296]
Hansen 检验	28.28 [0.345]	18.05 [0.386]	21.88 [0.695]

注：＊＊＊、＊＊和＊代表显著性水平，其分别表示在 1%、5% 和 10% 的显著性水平下显著，（）内为 t 统计量，[ ] 内为 p 值。

表 5.13 为以 hsp 作为 rhp 的替代变量的稳健性回归结果。从表 5.13 中所有回归结

果的一阶自相关、二阶自相关、Hansen 检验的 p 值可以看出，不存在二阶自相关，工具变量过度识别问题也不存在。在全国样本回归结果中，滞后期被解释变量与当期被解释变量变动方向相同，且都通过了 1% 的显著性水平检验。在没有考虑房价收入比二次方项的两个模型中，房价收入比对制造业转型升级均产生了显著的正效应；在加入房价收入比二次方项的模型（18）中，房价收入比二次方项的回归系数小于 0，为−0.001，且在 1% 的水平下显著，表明其他的控制变量也均对制造业转型升级产生显著影响。总之，使用房价收入比（hsp）作为稳健性检验指标，并没有对本部分结论产生实质性改变。

表 5.13　房价收入比作为解释变量的稳健性回归结果

	up		
	模型（16）	模型（17）	模型（18）
制造业转型升级的滞后一阶	0.634*** （25.68）	0.413*** （10.94）	0.396*** （8.67）
hsp	0.0033*** （6.63）	0.004*** （5.33）	0.018*** （6.56）
rw	0.0287*** （4.37）	0.005 （0.38）	0.031** （2.27）
hsp×*hsp*			−0.001*** （−5.98）
gov		−0.147*** （−6.86）	−0.175*** （−7.94）
ln *rd*		0.003*** （3.24）	0.004*** （4.12）
ln *k*		0.026*** （7.93）	0.025*** （7.23）
ln *open*		0.028*** （6.21）	0.020*** （3.83）
_ *cons*	0.088 0*** （7.56）	0.003 （0.07）	−0.090** （−2.25）
一阶自相关	［0.000］	［0.000］	［0.000］
二阶自相关	［0.051］	［0.053］	［0.058］
Hansen 检验	21.35 ［0.262］	27.18 ［0.454］	25.06 ［0.571］

　　注：***、**和*代表显著性水平，其分别表示在 1%、5% 和 10% 的显著性水平下显著，（）内为 t 统计量，［］内为 p 值。

5.5 本章小结

本章选取全国 29 个省（自治区、直辖市）2007—2016 年的面板数据，借助两步 System-GMM 估计方法分析房地产价格的上涨是否会提升中国制造业转型升级水平，以及提升的效果怎样。研究结果显示：在样本数据期内，滞后期被解释变量与当期被解释变量变动方向相同，解释变量参数估计结果与理论推导的结论基本一致。相对房价波动对制造业转型升级的影响具有明显的区域差异性特征。从实证结果来看，在全国层面上，相对房价波动与制造业转型升级呈显著的正相关关系，即房价上涨促进全国层面的制造业转型升级；东部地区城市相对房价波动与制造业转型升级呈负向变化的线性趋势；中部地区的相对房价波动对制造业转型升级的影响效果不明显；西部地区的相对房价波动与制造业转型升级之间的变化趋势与全国一般趋势一致，即呈正向变化的线性趋势，表明在西部地区，相对房价上涨有利于制造业转型升级。从全国样本看，在没有考虑控制变量的模型中，相对房价每增长 1%，制造业转型升级水平上升 3.55%；而在充分考虑了控制变量的模型中，相对房价波动与制造业转型升级之间仍表现为显著的正相关关系，只是相对房价波动对制造业转型升级的影响稍有下降，影响系数为 0.007，即相对房价每增长 1%，制造业转型升级水平上升 0.7%；在既引入控制变量又引入相对房价二次方项的模型中，房价二次方项的影响系数为负，说明相对房价与制造业转型升级之间存在拐点，是一种非线性的关系，整体呈现倒 U 形，也就是说制造业转型升级水平会随着相对房价的上涨呈现一个先上升后下降的趋势，房价上涨最终不利于制造业转型升级。政府干预在一定程度上对制造业产业转型升级产生负面影响。研发经费投入促进制造业产业转型升级。资本存量的参数估计在制造业转型升级水平模型中为正，这意味着资本存量有利于制造业转型升级。对外开放打开了我国制造业产品流向国外市场的大门，增加了制造业产品的销售途径，为我国制造业的发展提供了更为广阔的空间，能促进制造业的转型升级。

6 房价波动、劳动力流动与制造业产业转型升级

——基于空间计量模型分析

本章主要研究的问题是房价波动如何通过影响劳动力流动进而影响制造业产业转型升级。前文已经对房价波动、劳动力流动和制造业转型升级的内在逻辑进行了梳理，指出相对房价的变动会影响劳动力的生活成本，从而直接影响劳动力的流动。而劳动力的不同流动决策进一步会改变劳动力的市场结果，最终影响制造业产业转型升级。由于房地产产品消费的地域性、土地的不可转移性使得房地产行业具有鲜明的区域特征。房地产行业的发展会给区域经济发展带来较大的外部性，并对城市群的产业分工和空间布局产生极大的影响。当前，我国制造业正面临着转型时期的挑战和机遇，而制造业产业转型升级必将受到高房价的影响。在考虑经济的空间溢出作用（某一地区制造业产业转型升级水平的变化会带动周边一些地区制造业产业的发展）时，制造业产业转型升级的空间依赖性也将逐渐显现。因此，本章试图运用空间计量的方法构建空间滞后模型和空间误差模型，运用2007—2016年中国省级面板数据研究房价波动、劳动力流动与制造业产业转型升级之间的关系，以期为今后进一步深入探究房价波动与制造业产业转型升级之间的相关问题提供借鉴和参考，还可以为有关部门制定合理的调控政策、完善产业政策（如制造业产业转移政策、产业集群战略）等方面提供科学的参考依据，也可以对目前房地产的调控政策提出更加科学的、有价值的对策建议。

6.1 引 言

国际经济形势的低迷以及国内劳动力成本的不断上升均对我国制造业发展带来了巨大挑战[97]。我国经济健康持续增长的关键在于不断提高制造业的全要素生产率，使制造业转型升级水平逐步提升。相比于实体行业而言，房地产行业是暴利行业，房地产市场的快速膨胀吸引了大量资本，从而使资本逃离实体，稍微具有一定规模的各类所有制企业（不管是中央还是县市的企业），都有涉及房地产开发和经营[197]。房地产投资额的不断增加，极大地挤压了制造业部门的发展，如制造业等行业的技术研发投资投入不足、制造业产业转型升级资金日趋匮乏等，从而使制造业行业国际竞争力的提升受到制

约[262-263]。在影响制造业资源配置效率的渠道中包括了房地产投资[186]。从长期来看，房地产行业快速发展不但无法促进经济增长，反而会阻碍经济的稳定发展[40]。随着空间计量的产生和不断发展，学者们对经济现象在空间上的相互影响越来越关注。因此，选取空间动态计量方法研究区域经济增长及其空间效应正成为热点[264]。产业空间分布合理性影响着城市与区域的产业结构、地域分工程度以及可持续发展。而制造业区位分布受房价水平影响较大，当房地产的价格超过制造业企业的承受价格时，制造业企业会选择往周边城市迁移；而房价、交通成本变动对于高附加值服务业来说并不那么敏感，因此，高附加值服务业能在中心城市集聚，不但对城市内部的产业转型升级起促进作用，也能使区域间的产业分工格局更加合理[210]。产业转移是一种经济地理现象，是指企业将产品生产的部分或全部从以前的生产地向其他地区转移。有很多学者从产业转移视角探究了房价变化对产业结构变迁的影响，得出城市间的相对房价升高，使得城市间的相对就业人数减少，带动了产业价值链的攀升，实现了产业由低到高的升级[83,265]。同时，相对房价上涨促使劳动密集型产业迁出，客观上形成了高技术产业的相对集聚，从而实现劳动力供给结构的优化和产业结构的升级[137]。但是，房价过高在一定程度上会降低企业和居民的总体效用，区域房价的畸高导致劳动力和企业流出，容易造成中心城市的产业空心化[140]。还有学者研究指出，城市综合地价上升越快，制造业平均产业集中度下降幅度就越大。随着大中型城市房价上涨，制造业不断扩散到周边中心城市或地区[144]。

在世界经济发展过程中，普遍存在着经济活动的空间集聚现象，且能在不同空间尺度上（全球、国家或地区）可以观察到[266]。经济集聚在时间维度（经济产出持续不断增长）[267]和空间维度（经济活动不断向少数区域集聚）[178]上的表现是不相同的。产业集聚是产业资本要素在空间范围内不断汇聚的一个过程，是由生产某种产品的若干同类型企业、与这些企业相关的上下游企业以及有关联的服务业相互聚集的经济现象[268]。其对劳动生产率的提高以及创新能力的提升都具有积极的促进作用，因此，产业集聚在产业结构优化、区域链条式发展和产业转型升级等方面都是重要战略举措。

通过上述文献分析可知，研究房地产、制造业以及房价与制造业之间关系的文献非常丰富，其研究视角也很多，如产业间相互关联、产业变迁、产业集聚、产业转型升级等角度。然而，把房价水平、劳动力流动、制造业转型升级纳入同一框架进行考察的研究相对较少，鲜有学者从高房价背景下研究我国劳动力流动、制造业转型升级的空间效应。基于此，本章将从以下几个方面进行研究：一方面，根据内在机制与相关理论构建房价波动、劳动力流动与制造业产业转型升级的空间计量模型；另一方面，运用中国29个省（自治区、直辖市）相关的房价与制造业面板数据进行实证分析，验证房价波动通过劳动力流动间接影响制造业产业转型升级。

6.2 空间计量模型介绍与构建

6.2.1 空间相关性检验介绍

空间计量模型纳入了空间依赖性的因素，这使得其对很多现实问题的解释能力比传统的计量模型更加精确和符合实际情况。在建立空间面板回归模型之前，先用 Moran's I 测定我国制造业转型升级是否具有一定的空间相关性。当不存在空间自相关时，采用普通的面板数据模型进行实证研究；当存在空间自相关时，必须用空间面板计量方法进行实证研究分析。全局自相关性检验和局部自相关性检验都属于空间相关性检验。

（1）全局空间自相关检验。

全局空间自相关检验是从区域空间整体的视角来刻画空间关联与空间差异程度。为测量不同地区间观测变量的总体相关程度，本节使用全局空间自相关度量指标 Moran's I（莫兰指数，是空间自相关系数的一种，其值分布在 [-1, 1]，用于判断各空间实体的相关关系）来测算。Moran's I 的计算公式如下：

$$I = \frac{\sum_{i=1}^{n}\sum_{j=1}^{n} w_{ij}(x_i - \bar{x})(x_j - \bar{x})}{S^2 \sum_{i=1}^{n}\sum_{j=1}^{n} w_{ij}} \tag{6.1}$$

其中，$S^2 = \dfrac{\sum_{i=1}^{n}(x_i - \bar{x})^2}{n}$ 为样本方差，w_{ij} 为空间权重矩阵的 (i, j) 元素。把空间权重矩阵行标准化以后变为：

$$I = \frac{\sum_{i=1}^{n}\sum_{j=1}^{n} w_{ij}(x_i - \bar{x})(x_j - \bar{x})}{\sum_{i=1}^{n}(x_i - \bar{x})^2} \tag{6.2}$$

Moran's I 的取值一般介于-1 和 1 之间，其符号表示空间关联方向性，绝对值表示关联强度。大于 0 表示正相关，即高值与高值相邻、低值与低值相邻，表明地区间某变量之间存在空间集聚现象；小于 0 表示负相关，即高值与低值相邻，表明地区间某变量之间存在空间排斥现象。如果 Moran's I 接近于 0，表明空间分布是随机的，不存在空间自相关。Moran's I 的绝对值越大，说明所检验的变量之间的空间相关性越强。

（2）局域空间自相关检验。

全局 Moran's I 只是说明是否出现了集聚或异常值，但并没有说明在哪里出现，而局部 Moran's I 会显示哪里出现了集聚或者哪里出现了异常值[269]。本节的局域空间自相关检验通过 Moran's I 散点图来检测。Moran's I 散点图是用来描述某一区域单元与相邻单元间局部空间关联形态，共有四个象限，分别是高-高集聚、低-高集聚、低-低集聚和高-低集聚。高-高集聚表示高值区域被同是高值的区域所包围，是四个象限中的第一象限；低-高集聚表示低值区域被周围高值区域所包围，是四个象限中的第二象限；低-低集聚代表了低值区域被同是低值区域所包围的空间联系形式，也就是四个象限中的第三象限；第四象限则与第二象限相反，是高值被低值包围的高-低集聚，空间单元间异质性突出[270-272]。第一象限和第三象限是相似的空间特征集聚在某一地理空间，表示存在正的空间相关性。相反地，第二、第四象限反映的是差异特征的空间分散，表示存在负的空间相关性。

6.2.2 构建空间权重矩阵

空间计量模型的创新性和特殊性就体现在空间权重矩阵的引用这一重要方面。研究变量在空间上的位置关系通过空间权重矩阵得以显示，研究变量间的空间溢出效应随着距离的增加而衰退。空间权重矩阵 $W = (w_{ij})_{m \times n}$，主要用于表达空间依赖性，其表现形式为：

$$W = \begin{pmatrix} w_{11} & w_{12} & \cdots & w_{1n} \\ w_{21} & w_{22} & \cdots & w_{2n} \\ \vdots & \vdots & & \vdots \\ w_{m1} & w_{m2} & \cdots & w_{mn} \end{pmatrix} \tag{6.3}$$

随着空间计量模型的不断发展，空间权重矩阵设定也在不断变化和丰富。本节以现有文献为基础，分别设置了邻接权重矩阵、经济距离权重矩阵、地理距离权重矩阵进行回归，从三种不同的矩阵角度分析房价波动对制造业转型升级的影响，具体如下：

（1）邻接权重矩阵。

在空间计量模型中，空间权重矩阵所占据的地位非同小可，影响着空间相关性的判断以及空间计量模型的估计。本节设定 0-1 邻接空间权重矩阵，如果两个地区相邻（即有公共边界），权重矩阵对应的数字设定为 1；如果两个地区的地理位置不相邻（即没有公共边界），权重矩阵对应的数字设定为 0。矩阵元素中对角线元素全为 0，其他元素的设定满足：

$$w_{ij} = \begin{cases} 1(i, j \text{ 相邻}), \\ 0(i, j \text{ 不相邻}) \end{cases} \tag{6.4}$$

（2）地理距离权重矩阵。

根据地理学第一定理，任何事物在空间上都是相关的。d_{ij} 是根据每一个省的中心城市的经纬度来计算，是对省之间距离的一种衡量，d_{ij} 值越大，代表着两者之间的距离越远，空间溢出效应越弱。地理距离权重矩阵不但能反映相邻地区之间的邻接关系，还可以衡量相邻地区之间的相邻程度。将邻接权重矩阵与地理距离权重矩阵进行对比，能更加凸显出地理位置因素的影响效果。地理距离加权矩阵元素定义如下：

$$W_{ij} = \begin{cases} \dfrac{1}{d_{ij}}, & i \neq j, \\ 0, & i = j \end{cases} \tag{6.5}$$

（3）经济距离权重矩阵。

空间相关性的影响因素并不唯一，不但要考虑空间系统内区域的相对和绝对位置，还要综合考虑非地理因素的影响。如果只用地理距离或邻接位置来刻画其空间结构会显得不够细致，因为地区之间的经济活动也会对空间单位产生影响，制造业生产或转型升级本身也是经济活动。因此，本节经济活动权重矩阵是用不同省份人均实际 GDP 差值的绝对值的倒数来构造，经济距离权重矩阵定义如式（6.6）。由计算公式可知，两地的经济发展水平差距越大，其空间交互效应越弱，对应的权重也越小。

$$W_{ij} = \begin{cases} \dfrac{1}{|\bar{Y}_i - \bar{Y}_j|}, & i \neq j, \\ 0, & i = j \end{cases} \tag{6.6}$$

其中，$\bar{Y}_i = \dfrac{1}{T - T_0} \sum\limits_{T=t_0}^{T} Y_{it}$。

以上三种矩阵均利用 Stata14.0 软件创建完成，且对各权重矩阵进行了标准化处理，分别记为 W_1，W_2，W_3。

6.2.3　构建空间计量模型

空间误差模型（SEM）和空间滞后模型（SAR）是两类主要的空间计量模型，其对问题分析适用性程度存在差异，需做进一步的筛选和比较。

$$\text{SAR：} Y_{it} = \rho \sum_{j=1}^{n} W_{ij} Y_{it} + X_{it}\beta + \varepsilon_{it} \tag{6.7}$$

$$\text{SEM：} Y_{it} = X_{it}\beta + \varepsilon_{it} \tag{6.8}$$

其中，$\varepsilon_{it} = \lambda \sum\limits_{j=1}^{n} w_{ij} \varepsilon_{it} + \mu_{it}$，$Y_{it}$ 为因变量，X_{it} 为一系列控制变量，μ_{it} 和 ε_{it} 是服从正态分布的随机误差项，β，ρ 代表不同系数，λ 为空间误差系数，$\sum\limits_{j=1}^{n} W_{ij} Y_{it}$ 为空间滞后因变量，$\sum\limits_{j=1}^{n} W_{ij} \varepsilon_{it}$ 衡量了除区域 i 以外 t 年度邻近区域扰动项的加权平均值。ρ 为空间自回归系数，表示相邻区域的因变量对本区域因变量的影响方向和程度，当 $\rho > 0$ 时表示空间溢出效应，当 $\rho < 0$ 时表示离散效应。SAR 主要用于研究空间系统内某地区的行为对相邻地区的影响，这一影响主要体现在因变量的滞后项中，强调因变量空间溢出效应。

SEM 的残差扰动项显示出空间依赖性，该模型主要用来研究通过残差扰动项结构关联实现地区间相互影响的情况[23]。

6.3 变量选取与数据说明

由于生产产值受资本和劳动力投入的影响，而产品的顺利销售受到供需关系的影响，进而影响居民的消费。因此，很容易对制造业产生影响，本节着重从劳动力方面分析房地产发展如何影响中国制造业的转型升级。房价上涨会影响劳动力成本和人力资源配置，进一步影响制造业转型升级。首先，房价上涨能提高房地产企业的平均工资，从而影响制造业的用工成本。制造业的转型升级离不开高技术人才和高技能劳动力，如果制造业企业所在地的房价上涨，那么会增加制造业企业劳动者的预期收入。虽然制造业企业也在一次又一次地提高劳动者的工资待遇，但是和房价上涨的速度相比，其提高幅度远远不够。其次，房地产行业的高工资使其比制造业行业更具吸引力，会吸收更多的劳动者流入房地产行业，如果制造业企业想留住现有的人力资本，需要提供更高的工资，这使得制造业的用工成本增加。同时，高房价提高了外来务工劳动者占比最重的生活开销——租房成本，对人力资本的流动起阻碍作用。此外，房价上涨导致人力资源和产业需求的错配。当房价上涨的幅度超过了制造业企业的承受能力时，制造业企业往往更愿意在郊区、周边城市甚至是海外国家建立生产厂房，然而高技能的劳动力大部分聚集在房价较高的一、二线城市，使得房价较低地区的高技能劳动力存在供给短缺。

6.3.1 变量选取

（1）被解释变量。

选取制造业产业的产值和就业人数的相关数据，计算出制造业产业的相对产值与相对就业率。相对产值计算公式是用某一地区制造业的产值除以其余所有样本地区的制造业产值的均值，记为 $rout_{it}$。选取制造业相对就业率作为劳动力流动的代理变量，计算方法为：某一地区制造业的就业人员数除以其余所有样本地区的制造业就业人员数的均值，记为 $remp_{it}$。对于制造业的分类，综合考虑经济合作和发展组织（OECD）以及傅元海等[224]的分类方法，把制造业划分为三大类，分别是高端、中端和低端技术产业，具体如表 5.4 所示。在本节的实证过程中，主要考察房价波动通过劳动力流动对区域制造业产业转型升级所产生的影响，因此，被解释变量具体采用以下几个指标来衡量：制造业产业 t 时刻在省（自治区、直辖市）i 的相对产值；制造业产业 t 时刻在省（自治区、直辖市）i 的相对就业率；制造业高端技术产业 t 时刻在省（自治区、直辖市）i 的相对产值；制造业高端技术产业 t 时刻在省（自治区、直辖市）i 的相对就业率；制造业低端技术产业 t 时刻在省（自治区、直辖市）i 的相对产值；制造业低端技术产业 t 时刻在省（自治区、直辖市）i 的相对就业率。

（2）解释变量。

本节的核心解释变量是相对工资和相对房价，分别是通过城镇单位就业人员平均工资、商品房中住宅平均销售价格计算得到，计算方法类似于相对产值，分别记为 rw_{it}、rhp_{it}。

为了增加计量的稳健性，本节添加了一些变量，具体如下：劳动力流动会受到基础设施的影响。一般来说，劳动力倾向于流向基础设施越完善的地区，且基础设施中的医疗条件、教育条件是着重考虑的对象。本节的医疗条件用省（自治区、直辖市）每年的医院和卫生院的床位数来衡量，记为 $health_{it}$；教育条件用省（自治区、直辖市）的普通高等学校、普通高中学校、普通初中学校以及普通小学学校的总和来衡量，记为 edu_{2it}。城镇化率反映该地区的城镇化水平。以往很多学者是用非农业人口比例或户籍城镇人口比例来衡量城镇化率，但这种方法低估了实际城镇化率，本节采用城市的城镇人口占常住人口的比例来衡量城镇化率，记为 urb_{it}。地区的信息公开化、制度透明化随着地区贸易自由度的增加而增加，从而带来更多的市场需求。贸易自由度用省（自治区、直辖市）的年度客运量来表示，记为 $trade_{it}$。

表6.1　变量定义与说明

变量类型	变量名称（符号表示）	数据来源	变量内涵	文献来源
被解释变量	相对产值（rout）	原始数据来源于《中国工业经济统计年鉴》，并根据变量内涵计算得出	制造业 t 时刻在省（自治区、直辖市）i 的相对产值	高波，陈健，邹琳华[83]
	相对就业率（remp）	原始数据来源于《中国工业经济统计年鉴》、EPS数据平台，并根据变量内涵计算得出	制造业 t 时刻在省（自治区、直辖市）i 的相对就业率	高波，陈健，邹琳华[83]
解释变量	相对房价（rhp）	原始数据来源于《中国统计年鉴》，并根据变量内涵计算得出	省（自治区、直辖市）i 与其他省（自治区、直辖市）的相对房价	刘志伟[139]
	相对房价的二次方项（rhp^2）	原始数据来源于《中国统计年鉴》，并根据变量内涵计算得出	省（自治区、直辖市）i 与其他省（自治区、直辖市）的相对房价的二次方	刘志伟[139]
	相对工资（rw）	原始数据来源于《中国统计年鉴》，并根据变量内涵计算得出	省（自治区、直辖市）i 与其他省（自治区、直辖市）的相对工资	毛丰付，王建生，毛璐琪[215]

续表

变量类型	变量名称 （符号表示）	数据来源	变量内涵	文献来源
控制变量	城镇化率 （urb）	原始数据来源于《中国统计年鉴》，并根据变量内涵计算得出	省（自治区、直辖市）城镇人口所占比率	楚尔鸣，曹策[174]
	医疗条件 （$health$）	原始数据来源于《中国统计年鉴》，并根据变量内涵计算得出	省（自治区、直辖市）每年的医院、卫生院床位数	楚尔鸣，曹策[174]
	贸易自由度 （$trade$）	原始数据来源于《中国统计年鉴》	省（自治区、直辖市）的年度客运量	毛丰付，王建生，毛璐琪[215]
	教育条件 （edu_2）	原始数据来源于《中国统计年鉴》，并根据变量内涵计算得出	用省（自治区、直辖市）的学校数量来表征	高波，陈健，邹琳华[83]

　　本节采用两种方法来验证房价波动、劳动力流动与制造业产业转型升级之间的关系：一是在对产业转型升级的研究中，通常采用产出结构和就业结构两类指标来衡量产业的升级，如果相对房价升高使得产业的相对就业人数提升，那么可以认为产业的就业结构得到升级；如果相对房价升高，不但对低附加值产业产生挤出效应，还促使了高附加值产业的相对产出、相对就业率增加，那么就可以推断出高房价促进了产业转型升级[83]。二是通过引入相对房价与劳动力流动的交互项（$rhp \times remp$）考察房价波动对制造业转型升级的间接影响。

　　为了讨论的方便，此处对绝对量予以对数化处理，则可对式（6.7）、式（6.8）中的模型进行改进。改进后的空间滞后模型和空间误差模型的表达式分别为：

$$rout_{it} = \rho \sum_{j=1}^{n} W_{ij} rout_{it} + \beta_0 + \beta_1 rw_{it} + \beta_2 rhp_{it} + \beta_3 rhp^2_{it} + \beta_4 urb_{it} +$$
$$\beta_5 \ln health_{it} + \beta_6 \ln edu_{2it} + \beta_7 \ln trade_{it} + \varepsilon_{it}$$

$$remp_{it} = \rho \sum_{j=1}^{n} W_{ij} remp_{it} + \beta_0 + \beta_1 rw_{it} + \beta_2 rhp_{it} + \beta_3 rhp^2_{it} + \beta_4 urb_{it} +$$
$$\beta_5 \ln health_{it} + \beta_6 \ln edu_{2it} + \beta_7 \ln trade_{it} + \varepsilon_{it}$$

$$rout_{it} = \rho \sum_{j=1}^{n} W_{ij} rout_{it} + \beta_0 + \beta_1 rw_{it} + \beta_2 rhp_{it} + \beta_3 rhp^2_{it} + \beta_4 remp_{it} + \beta_5 rhp_{it} \times remp_{it} +$$
$$\beta_6 urb_{it} + \beta_7 \ln health_{it} + \beta_8 \ln edu_{2it} + \beta_9 \ln trade_{it} + \varepsilon_{it}$$

$$rout_{it} = \beta_0 + \beta_1 rw_{it} + \beta_2 rhp_{it} + \beta_3 rhp^2_{it} + \beta_4 urb_{it} + \beta_5 \ln health_{it} +$$
$$\beta_6 \ln edu_{2it} + \beta_7 \ln trade_{it} + \varepsilon_{it}$$

$$\varepsilon_{it} = \lambda \sum_{j=1}^{n} W_{ij} \varepsilon_{it} + \mu_{it}$$

$$remp_{it} = \beta_0 + \beta_1 rw_{it} + \beta_2 rhp_{it} + \beta_3 rhp^2_{it} + \beta_4 urb_{it} + \beta_5 \ln health_{it} +$$
$$\beta_6 \ln edu_{2it} + \beta_7 \ln trade_{it} + \varepsilon_{it}$$

$$\varepsilon_{it} = \lambda \sum_{j=1}^{n} W_{ij} \varepsilon_{it} + \mu_{it}$$

$$rout_{it} = \beta_0 + \beta_1 rw_{it} + \beta_2 rhp_{it} + \beta_3 rhp^2_{it} + \beta_4 remp_{it} + \beta_5 rhp_{it} \times remp_{it} +$$
$$\beta_6 urb_{it} + \beta_7 \ln health_{it} + \beta_8 \ln edu_{2it} + \beta_9 \ln trade_{it} + \varepsilon_{it}$$

$$\varepsilon_{it} = \lambda \sum_{j=1}^{n} W_{ij} \varepsilon_{it} + \mu_{it}$$

6.3.2 数据来源

本节选取的样本为 29 个省（自治区、直辖市）制造业数据，研究年限为 2007—2016 年，由于青海和西藏的制造业各细分行业工业总产值数据缺失太多，因此没有把这两个地方纳入样本之中。本节的数据主要来源于 2008—2017 年《中国工业经济统计年鉴》、2008—2017 年的《中国统计年鉴》和 EPS 数据平台，个别指标的数据还来源于 2010 年人口普查资料。在对数据进行处理时还要考虑行业的一致性、数据的一致性以及缺失值处理等问题。

（1）行业一致性。我国在 1984 年首次发布《国民经济行业分类》，且在 1994 年、2002 年、2011 年对其进行了修订。

（2）数据一致性。分行业工业总产值这个指标的具体数值在 2012 年以后就不再公布，包括国家统计局、《中国工业统计年鉴》等均没有公布。为保持数据连贯性，本节借鉴关爱萍等[268]学者的处理方法，采用工业销售产值数据替代工业总产值来测算制造业结构变动，且工业销售产值与工业总产值也非常接近。

（3）缺失值处理。虽然 2008—2012 年《中国工业经济统计年鉴》缺少皮革、毛皮、羽毛（绒）及其制造业，家具制造业，文教体育用品制造业，木材加工及木、竹、藤、棕、草制造业，印刷业和记录媒介的复制业，其他制造业的数据，但不影响对制造业整体转型升级的研究。

6.3.3 数据的处理与检验

样本中 29 个省（自治区、直辖市）各变量统计值见表 6.2。从表 6.2 中可以看出，2007—2016 年，相对房价的均值为 1.02，相对房价的标准差为 0.68，相对房价的最大值为 4.1，最低值只有 0.47，其在地域、时间上的差异非常明显。从中国制造业产业转型升级来看，相对产值（rout）、相对就业率（remp）的最大值分别是最小值的 124.75、189.33 倍，说明制造业产业转型升级水平在时间和地域上存在较大差异。

表 6.2　各变量的统计性描述分析

变量	观测数	最小值	最大值	标准差	平均值
$rout$	290	0.040 0	4.990	1.210	1.050
$remp$	290	0.030 0	5.680	1.280	1.050
rw	290	0.730	2.070	0.280	1
rhp	290	0.470	4.100	0.680	1.020
urb	290	28.24	89.60	13.70	53.79
$\ln health$	290	0.640	3.990	0.700	2.730
$\ln edu_2$	290	7.250	10.51	0.820	9
$\ln trade$	290	8.830	13.26	0.870	11.08

为了避免在实证分析中出现伪回归现象，确保回归分析结果的有效性，需要对样本数据做平稳性检验。本书选取 LLC 单位根检验的方法检验变量的平稳性。检验结果显示：所有变量都通过了平稳性检验（见表 6.3）。

表 6.3　LLC 单位根检验结果

变量	统计数值	p 值
$rout$	−3.800 3***	0.000 1
$remp$	−1.904 7**	0.028 4
rw	−6.498 8***	0.000 0
rhp	−6.591 6***	0.000 0
urb	−5.484 8***	0.000 0
lnhealth	−8.748 8***	0.000 0
$\ln edu_2$	−7.686 7***	0.000 0
$\ln trade$	−4.522 4***	0.000 0

注：***、**和*代表显著性水平，其分别表示在 1%、5% 和 10% 的显著性水平下显著。

6.4　实证分析

6.4.1　空间自相关检验

各变量的空间相关性选取 Moran's I 来反映。表 6.4 显示了 2007—2016 年 29 个省（自治区、直辖市）房价波动与制造业产业转型升级的 Moran's I 值。从检测结果来看，在邻接权重矩阵和经济距离权重矩阵下，制造业相对产值的 Moran's I 指数值为 0.110～0.270，且均通过了 10% 的显著性水平，说明存在明显的正向空间相关性；在地理距离权重矩阵下，制造业相对产值的 Moran's I 指数值为 0.004~0.015，存在正向的空间自相关，除了 2009 年不显著外，其余的这种相关性在 10% 水平以内显著。通过对比邻接权重矩阵和地理距离权重矩阵的 Moran's I 值不难看出，制造业相对产值的空间相关性会随着地理距离的增加而逐渐降低，由此可见，制造业产业转型升级的溢出效应随着地理距离增加而下降。制造业相对就业率的 Moran's I 指数值在邻接权重矩阵和地理距离权重矩阵下为 -0.014~0.092，但 2014 年之前制造业相对就业率变动的空间相关性并不显著，其他年份则通过了 10% 的显著性水平。在经济距离权重矩阵下，制造业相对就业率的 Moran's I 指数值均大于 0，且在 5% 水平上显著。相对房价的 Moran's I 指数在三种空间权重矩阵下均为正，且均通过了 5% 的显著性水平检验，说明我国省级房地产价格在 2007—2016 年间存在"马太效应"，即房价较高的省（自治区、直辖市）其邻近地区的房价也较高，而房价较低的省（自治区、直辖市）其邻近区域的房价也相对较低[23]。综合来看，房价波动、劳动力流动与制造业产业转型升级存在显著的空间自相关性。

表 6.4　2007—2016 年房价与制造业产业转型升级的 Moran's I

	相对产值 rout			相对就业率 remp			相对房价 rhp		
	W_1	W_2	W_3	W_1	W_2	W_3	W_1	W_2	W_3
2007	0.196** (0.026)	0.015* (0.062)	0.270*** (0.001)	0.015 (0.328)	-0.014 (0.247)	0.193*** (0.009)	0.316*** (0.001)	0.051*** (0.003)	0.660*** (0.000)
2008	0.198** (0.025)	0.011* (0.077)	0.251*** (0.002)	0.080 (0.160)	-0.002 (0.147)	0.260*** (0.002)	0.310*** (0.001)	0.042*** (0.006)	0.589*** (0.000)
2009	0.190** (0.029)	0.004 (0.109)	0.236*** (0.004)	0.075 (0.173)	-0.003 (0.154)	0.250*** (0.002)	0.321*** (0.001)	0.049*** (0.004)	0.706*** (0.000)
2010	0.192** (0.027)	0.010* (0.083)	0.238*** (0.003)	0.070 (0.182)	-0.001 (0.139)	0.251*** (0.002)	0.298*** (0.002)	0.039*** (0.009)	0.676*** (0.000)
2011	0.206** (0.020)	0.012* (0.071)	0.213*** (0.007)	0.063 (0.197)	-0.003 (0.155)	0.207*** (0.007)	0.360*** (0.000)	0.053*** (0.003)	0.634*** (0.000)
2012	0.220** (0.015)	0.011* (0.077)	0.217*** (0.006)	0.067 (0.186)	-0.003 (0.152)	0.196*** (0.009)	0.335*** (0.001)	0.050*** (0.004)	0.650*** (0.000)
2013	0.205** (0.021)	0.007* (0.095)	0.197** (0.011)	0.075 (0.168)	-0.001 (0.130)	0.188** (0.012)	0.317*** (0.001)	0.044*** (0.006)	0.678*** (0.000)
2014	0.213** (0.018)	0.008* (0.091)	0.175** (0.019)	0.076 (0.167)	0.001* (0.098)	0.175** (0.017)	0.314*** (0.001)	0.042*** (0.007)	0.682*** (0.000)
2015	0.221** (0.015)	0.009* (0.086)	0.137** (0.045)	0.088* (0.094)	0.003* (0.094)	0.158** (0.025)	0.254*** (0.004)	0.030** (0.016)	0.753*** (0.000)
2016	0.220** (0.015)	0.010* (0.081)	0.110* (0.077)	0.092* (0.092)	0.005* (0.089)	0.146** (0.034)	0.264*** (0.003)	0.033** (0.011)	0.774*** (0.000)

注：***、**和*代表显著性水平，其分别表示在 1%、5% 和 10% 的显著性水平下显著，括号内为 p 值。

Moran's I 指数已经表明制造业产业转型升级和房价波动的全局空间自相关性，为了进一步说明其空间分布的局部特征，本节绘制了房价波动、劳动力流动与制造业产业转型升级的 Moran's I 散点图。2016 年三种不同权重矩阵下制造业相对产值、制造业相对就业率和房价的 Moran's I 散点图如图 6.1~图 6.3 所示。

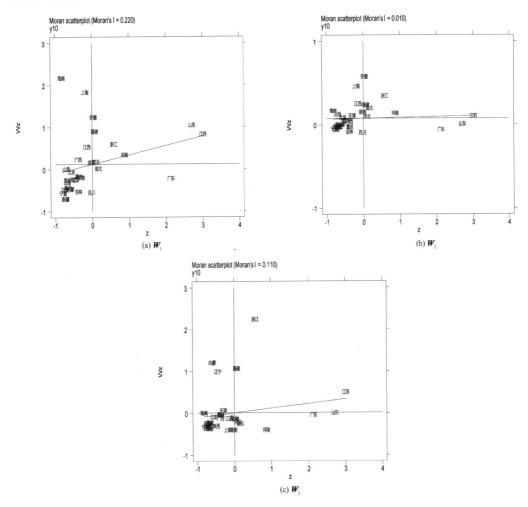

图 6.1　2016 年制造业相对产值 *rout* 的 Moran's I 散点图（W_1，W_2 和 W_3）

从图 6.1、图 6.2 可以看出，大多数省域位于第一、第三象限，表明制造业产业层级高的地区被同样高水平的其他地区包围，制造业产业转型升级在空间上相互集聚；制造业产业发展缓慢的地区也被同样低水平的其他地区所包围，形成了低水平的聚集圈，验证了制造业转型升级具有相当明显的扩散效应。

由图 6.3 可知，房价的 Moran's I 散点主要集中在高-高集聚区域和低-低集聚区域，也就是第一、三象限，说明我国房价存在明显的空间集聚，且其分布是非均质的。总之，Moran's I 散点图显示了制造业产业各省（自治区、直辖市）房价波动与制造业产业转型升

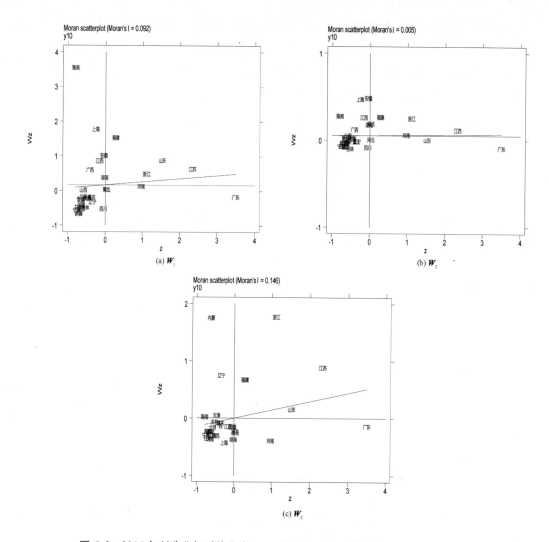

图 6.2　2016 年制造业相对就业率 *remp* 的 Moran's I 散点图（W_1，W_2 和 W_3）

级的空间联系形式分布情况，得出房价和制造业产业转型升级均具有高水平区域集中、低水平区域聚集的特点，Moran's I 散点图也再次证明了两者皆存在显著的空间依赖性。

6.4.2　经典计量模型估计结果

本节在不考虑制造业产转型升级的空间因素影响下，采用经典计量回归模型估计房价波动对我国制造业产业转型升级的影响。分别采用普通最小二乘法（OLS）、随机效应（RE）和固定效应（FE）模型进行估计，与后面空间计量模型估计结果进行对比。表 6.5、表 6.6 分别显示了房价波动对制造业产业转型升级影响的上述三种模型的估计结果。当被解释变量为制造业相对产值时，房价的系数均为负，但只有在 OLS 模型中通过了显著性水平检验。也就是说房价的提高会抑制制造业产业的升级。工资的系数为正，且在三种模型中都通过了 5% 的显著性水平检验，说明工资的提高能促进制造业产出结构的升级。

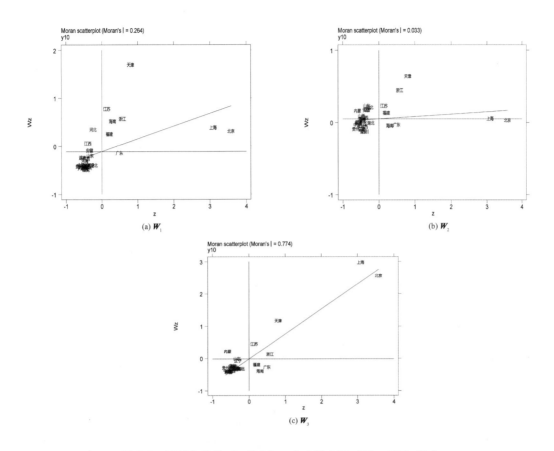

图 6.3　2016 年房价 *rhp* 的 Moran's I 散点图（W_1，W_2 和 W_3）

表 6.5　房价波动影响制造业产业相对产值的计量检验结果

因变量：*rout*	OLS		RE		FE	
	统计值	标准误	统计值	标准误	统计值	标准误
rw	0.987 9＊＊	0.494 8	1.586 6＊＊＊	0.232 1	1.692 0＊＊＊	0.232 8
rhp	-0.554 5＊＊＊	0.200 4	-0.100 2	0.078 0	-0.034 4	0.079 3
urb	0.048 4＊＊＊	0.009 8	0.015 4＊＊	0.007 2	0.030 7＊＊＊	0.008 5
ln *health*	0.342 7＊＊	0.140 6	0.030 4	0.107 4	-0.341 5＊＊	0.143 9
ln *edu*$_2$	0.306 3＊	0.167 5	0.318 2＊＊＊	0.096 0	0.157 0	0.100 4
ln *trade*	0.557 0＊＊＊	0.094 5	0.008 3	0.029 9	-0.007 5	0.029 0
常数项	-11.846 9＊＊＊	1.677 7	-4.312 0＊＊＊	1.131 7	-2.663 1＊＊	1.154 3
样本数	290		290		290	
F 检验值					344.72＊＊＊	
Adj-R^2	0.477 9					
Hausman 检验值					25.25＊＊＊	

注：＊＊＊、＊＊和＊代表显著性水平，其分别表示在 1%、5% 和 10% 的显著性水平下显著。

当被解释变量为制造业相对就业率时，房价的系数也是负数，且只有固定效应模型没有通过 10% 的显著性水平检验，代表着房价的升高，不利于制造业就业结构的升级。工资的系数同样也是正数，但在 OLS 模型中没有通过显著性水平检验，表明省域工资水平越高，制造业就业人数占比越大。从其余变量的回归系数来看，教育条件、城镇化率均为正，贸易自由度、医疗条件的回归系数有正有负。

表 6.6　房价波动影响制造业产业相对就业率的计量检验结果

因变量：remp	OLS		RE		FE	
	统计值	标准误	统计值	标准误	统计值	标准误
rw	0.397 5	0.494 6	0.513 4**	0.213 2	0.535 8**	0.212 4
rhp	−0.383 2*	0.200 4	−0.016 3*	0.072 6	−0.023 7	0.071 4
urb	0.070 1***	0.009 8	0.012 8*	0.007 8	0.008 9	0.006 7
ln health	−0.015 5	0.140 5	−0.068 0	0.131 8	0.085 7*	0.101 8
ln edu_2	0.736 1***	0.167 5	0.131 4	0.091 9	0.244 3***	0.088 3
ln trade	0.672 4***	0.094 4	0.025 9	0.026 6	0.037 6	0.027 2
常数项	−16.760 2***	1.677 2	−1.418 0	1.057 2	−2.788 2***	1.043 0
样本数	290		290		290	
F 检验值					412.42***	
Adj-R^2	0.534 2					
Hausman 检验值					22.07***	

注：＊＊＊、＊＊和＊代表显著性水平，其分别表示在 1%、5% 和 10% 的显著性水平下显著。

6.4.3　空间回归结果分析

通过上述分析可以发现，制造业产业转型升级在空间上表现出显著的复杂性、自相关性和差异性，这些空间特性破坏了传统计量模型空间均质分布的假设。在忽略空间因素的条件下 OLS 估计结果可能有偏或无效，实证分析的解释能力较差。因此，本节建立房价波动影响制造业转型升级的空间计量模型，开展有效分析。

6.4.3.1　模型的选择

关于 SAR 和 SEM 模型选择问题，主流检验策略包括以下两种：一种是 Anselin 等[273] 的方法，首先引入空间变量，通过 Moran's I 指数判断空间自相关性。然后比较拉格朗日乘数-滞后检验（LM-LAG）与拉格朗日乘数-误差检验（LM-ERR）两个统计量，若 LM-LAG 和 LM-ERR 都不显著，采用一般的 OLS 模型；若 LM-LAG 更显著，则采用 SAR 模型；若 LM-ERR 更显著，采用 SEM 模型更加恰当；若 LM-LAG 和 LM-ERR 相近，则比较稳健的拉格朗日乘数-滞后检验（robust LM-LAG）与稳健的拉格朗日乘数-

误差检验（robust LM-ERR）的统计值，若 robust LM-LAG 更显著，则 SAR 更恰当，反之，认为 SEM 更恰当。最后根据似然比检验（LR）统计量判定是采用固定效应还是随机效应模型。另一种方法来自 Elhorst[274] 的观点，先把 SDM 模型选定为起点的空间计量模型，再通过 Wald 检验和 LR 检验对 SDM 模型进行判断，看其是否能够转化为空间滞后模型和空间误差模型，然后根据 Hausman 检验判定是采用固定效应还是随机效应模型。

本节综合考虑上述两种方法的优劣性，并结合近三年的相关文献，综合两种方法对模型进行选取。通过房价波动影响制造业产业相对产值的 LM 检验（见表 6.7）可知，在邻接权重矩阵下，LM-LAG 和 LM-ERR 均为 0.000，通过了 1% 的显著性水平检验，且 robust LM-ERR 比 robust LM-LAG 更显著，故选择 SEM 模型作为回归模型。同理，在地理距离权重矩阵、经济距离权重矩阵均选择 SEM 模型进行估计。在房价波动影响制造业产业相对就业率的 LM 检验中（见表 6.8），在邻接权重矩阵、地理距离权重矩阵、经济距离权重矩阵背景下，应分别选取 SEM、SAR、SEM 模型进行估计。

表 6.7 房价波动影响制造业产业相对产值的 LM 检验

矩阵类型	变量	Statistics	p 值	模型选择
邻接权重矩阵	Moran's I	1.633	0.103	SEM
	拉格朗日乘数–误差检验（LM-ERR）	36.232	0.000	
	稳健的拉格朗日乘数–误差检验（robust LM-ERR）	24.983	0.000	
	拉格朗日乘数–滞后检验（LM-LAG）	12.643	0.000	
	稳健的拉格朗日乘数–滞后检验（robust LM-LAG）	1.394	0.238	
地理距离权重矩阵	Moran's I	24.069	0.000	SEM
	拉格朗日乘数–误差检验（LM-ERR）	0.495	0.082	
	稳健的拉格朗日乘数–误差检验（robust LM-ERR）	0.435	0.509	
	拉格朗日乘数–滞后检验（LM-LAG）	0.097	0.756	
	稳健的拉格朗日乘数–滞后检验（robust LM-LAG）	0.037	0.847	
经济距离权重矩阵	Moran's I	237.736	0.000	SEM
	拉格朗日乘数–误差检验（LM-ERR）	4.516	0.034	
	稳健的拉格朗日乘数–误差检验（robust LM-ERR）	5.218	0.022	
	拉格朗日乘数–滞后检验（LM-LAG）	1.080	0.299	
	稳健的拉格朗日乘数–滞后检验（robust LM-LAG）	1.782	0.182	

表 6.8　房价波动影响制造业产业相对就业率的 LM 检验

矩阵类型	变量	Statistics	p 值	模型选择
邻接权重矩阵	Moran's I	1.030	0.303	SEM
	拉格朗日乘数-误差检验（LM-ERR）	12.107	0.001	
	稳健的拉格朗日乘数-误差检验（robust LM-ERR）	15.303	0.000	
	拉格朗日乘数-滞后检验（LM-LAG）	1.001	0.317	
	稳健的拉格朗日乘数-滞后检验（robust LM-LAG）	4.197	0.041	
地理距离权重矩阵	Moran's I	22.722	0.000	SAR
	拉格朗日乘数-误差检验（LM-ERR）	0.440	0.507	
	稳健的拉格朗日乘数-误差检验（robust LM-ERR）	3.841	0.050	
	拉格朗日乘数-滞后检验（LM-LAG）	1.595	0.207	
	稳健的拉格朗日乘数-滞后检验（robust LM-LAG）	4.995	0.025	
经济距离权重矩阵	Moran's I	319.346	0.000	SEM
	拉格朗日乘数-误差检验（LM-ERR）	8.152	0.004	
	稳健的拉格朗日乘数-误差检验（robust LM-ERR）	1.280	0.258	
	拉格朗日乘数-滞后检验（LM-LAG）	7.127	0.008	
	稳健的拉格朗日乘数-滞后检验（robust LM-LAG）	0.256	0.613	

Hausman 检验判断采用随机效应还是固定效应：当被解释变量为相对产值 $rout$ 时，在三个矩阵背景下模型的 Hausman 检验结果分别为 -46.91, -1.42, -6.68，也就是说所选模型都支持固定效应；当被解释变量为相对就业率 $remp$ 时，三个矩阵背景下模型的 Hausman 检验结果分别为 35.10（$p = 0.0000$），-37.26, -18.99，研究结果表明，应该使用固定效应模型进行分析，拒绝接受随机效应的原假设。固定效应模型又分为时间固定效应、空间固定效应和时空固定效应模型三种，通过比较 Log-Likelihood 值或者 R^2 的值，决定最终的解释模型。

6.4.3.2　空间回归结果

（1）房价波动对劳动力流动、制造业产业转型升级的影响。

本节采用制造业相对产值和制造业相对就业率作为被解释变量，来研究相对房价波动对制造业劳动力流动、制造业产业转型升级的影响，回归结果如表 6.9 所示。从表中可以看出，在邻接权重矩阵、经济距离权重矩阵作用下，从模型的空间自相关系数 ρ（λ）的大小及其显著性水平检验结果可知，省域间房价波动与制造业转型产业转型升级的空间效应具有趋同性，省域的制造业发展水平具有明显的空间依赖性。空间依赖作用主要通过 SEM 模型的随机误差项来体现，也就是说省域间地区对地区的空间影响在很大程度上体现为对一个地区整体的结构性误差冲击中，各省域房价水平、工资水平、城镇化率、医疗条件、贸易自由度和教育条件之间的差异正是这种结构性差异的体现。在三种空间权重矩阵下，相对工资与制造业相对产值存在显著的正相关，相对工资每提高 1 个单位，制造业相对产值分别增加 1.139 2、1.027 7、0.952 1。相对工资、房价变动对制造业相对就业率的影响均为负，房价变动对制造业相对产值的影响为正，但都不显著。从总量层面看，相对房价的变化对于劳动力流动、制造业产业转型升级的影响并不确定。因此，必须进一步研究相对房价变化对高、低端技术产业层面的影响。

表 6.9　房价波动影响劳动力流动、制造业产业转型升级的回归结果

	因变量：rout			因变量：remp		
	W_1	W_2	W_3	W_1	W_2（SAR）	W_3
	时空固定	时空固定	时空固定	时空固定	时空固定	时空固定
rw	1.139 2*** (0.229 6)	1.027 7*** (0.232 6)	0.952 1*** (0.230 2)	−0.026 0 (0.219 0)	−0.054 0 (0.211 8)	−0.096 3 (0.203 0)
rhp	0.098 5 (0.073 1)	0.060 3 (0.073 1)	0.044 7 (0.076 8)	−0.069 7 (0.067 7)	−0.065 6 (0.065 9)	−0.050 2 (0.070 5)
urb	0.029 6*** (0.007 9)	0.033 0*** (0.007 6)	0.035 8*** (0.007 8)	0.013 7* (0.007 1)	0.014 9** (0.007 0)	0.016 0** (0.006 9)
ln health	0.437 0** (0.185 3)	0.359 8** (0.181 3)	0.324 2* (0.178 2)	0.558 0*** (0.165 7)	0.611 0*** (0.164 4)	0.536 3*** (0.157 0)
ln edu₂	0.053 1 (0.099 3)	−0.028 3 (0.095 9)	0.023 6 (0.097 6)	−0.011 8 (0.090 3)	−0.023 5 (0.085 7)	0.022 9 (0.087 8)
ln trade	−0.016 3 (0.033 2)	−0.010 0 (0.033 1)	−0.014 0 (0.032 2)	0.040 6 (0.030 9)	0.036 8 (0.030 2)	0.034 1 (0.028 7)
Spatial Lambda/Rho	0.199 3** (0.083 7)	−0.147 3 (0.249 9)	0.165 4* (0.097 1)	0.041 3 (0.085 9)	−0.473 1* (0.251 5)	0.277 8*** (0.081 2)
Variance Sigma2_e	0.016 5*** (0.001 4)	0.016 9*** (0.001 4)	0.016 7*** (0.001 4)	0.014 5*** (0.001 2)	0.014 2*** (0.001 2)	0.013 8*** (0.001 2)
N	290	290	290	290	290	290
Log-Likelihood	182.274 2	179.717 9	180.922 0	202.292 7	204.060 1	207.585 7

注：＊＊＊、＊＊和＊代表显著性水平，其分别表示在 1%、5% 和 10% 的显著性水平下显著，括号内值为标准误差。

（2）相对房价波动对制造业低端技术产业的影响。

当被解释变量分别替换为制造业低端技术产业的相对产值和相对就业率时，回归结果如表 6.10 所示。根据计量检验，在邻接权重矩阵、地理距离权重矩阵、经济距离权重矩阵作用下，相对房价上升，将促使该省（自治区、直辖市）制造业低端技术产业相对产值和相对就业率减少，房价每增加 1 个百分点，制造业低端技术产业相对产值分别减少约 0.363 8、0.055 6、0.12 个百分点，制造业低端技术产业相对就业率分别减少约 0.449 8、0.071 0、0.085 6 个百分点。相对房价升高对制造业低端技术产业存在挤出效应，因为房价的上涨不仅增加了企业的用地成本，而且增加了企业的劳动力用工成本，这对于劳动密集型低附加值的制造业企业尤为不利。区域内的相对房价上涨，迫使低附加值制造业迁入相对房价和用工成本较低的地区。同时，居民相对工资水平与制造业低端技术产业相对就业率存在负向关系。区域相对工资水平较高时，区域内人们的相对生活水平也会提高，对于闲暇时间的追求也会增加。对于低附加值的劳动密集型制造业来说，大多为体力劳动，不符合相对生活水平提高时人们的追求，因此相对工资水平升高导致制造业低端技术产业的就业人数占比的降低。

表 6.10　房价波动影响制造业低端技术产业效应的回归结果

	因变量：rout			因变量：remp		
	W_1	W_2	W_3	W_1	W_2（SAR）	W_3
	时空固定	地区固定	时空固定	时空固定	地区固定	时空固定
rw	−0.672 5 （0.563 0）	1.261 3 * * * （0.347 9）	−0.313 2 （0.633 8）	−0.506 6 （0.566 4）	−1.068 2 * * （0.505 3）	−1.140 2 * * （0.490 3）
rhp	−0.363 8 * （0.203 4）	−0.055 6 （0.110 8）	−0.120 0 （0.213 9）	−0.449 8 * * （0.209 6）	−0.071 0 （0.171 3）	−0.085 6 （0.183 3）
urb	0.027 0 * * * （0.010 1）	−0.022 9 * （0.011 9）	0.019 8 * （0.010 7）	0.057 7 * * * （0.010 2）	−0.021 6 （0.018 3）	−0.034 0 * （0.018 1）
ln health	1.005 5 * * * （0.180 3）	0.142 3 （0.202 5）	1.069 6 * * * （0.182 3）	0.538 8 * * * （0.178 7）	0.168 3 （0.311 2）	0.477 6 （0.317 1）
ln edu_2	−0.479 8 * * * （0.174 9）	−0.393 9 * * * （0.141 8）	−0.290 6 （0.202 4）	0.086 1 （0.174 1）	−0.378 3 * （0.218 0）	−0.312 8 （0.216 1）
ln trade	0.480 5 * * * （0.101 3）	0.132 0 * * （0.059 5）	0.359 8 * * * （0.113 1）	0.671 1 * * * （0.101 3）	0.079 9 （0.062 8）	0.110 9 * （0.066 9）
Spatial Lambda/Rho	0.436 1 * * * （0.075 2）	0.033 2 （0.274 6）	0.226 7 * * （0.107 8）	0.443 8 * * * （0.068 2）	0.295 0 * （0.169 4）	0.336 2 * * * （0.078 3）

续表

	因变量：rout			因变量：remp		
	W_1	W_2	W_3	W_1	W_2（SAR）	W_3
	时空固定	地区固定	时空固定	时空固定	地区固定	时空固定
Variance Sigma2_ e	0.732 5 *** （0.062 4）	0.042 4 *** （0.003 5）	0.819 4 *** （0.068 6）	0.726 1 *** （0.061 7）	0.102 1 *** （0.008 5）	0.095 4 *** （0.008 0）
N	290	290	290	290	290	290
Log-Likelihood	−373.707 0	46.645 6	−384.224 7	−372.723 2	−81.441 9	−74.468 1

注：＊＊＊、＊＊和＊代表显著性水平，其分别表示在1%、5%和10%的显著性水平下显著，括号内值为标准误差。

（3）相对房价波动对制造业高端技术产业的影响。

将被解释变量分别替换为制造业高端技术产业的相对产值和相对就业率，计量检验结果如表6.11所示。在邻接权重矩阵、地理距离权重矩阵、经济距离权重矩阵背景下，制造业相对产值空间相关系数分别为0.116 2、0.078 3、0.005 8，且通过了10%显著性检验，表明地理位置上的邻近对地区制造业产业转型升级具有显著的正向影响，经济发展水平相近的地区之间制造业产业转型升级具有相互促进的正向影响。邻近省（自治区、直辖市）之间的资金、技术、人力资源便于流动与传播，带动了周围地区制造业产业转型升级。经济发展水平较高的地区更容易形成资源集聚优势，当周边某些地区的经济条件与经济发展水平较高的地区相似时，这些地区对人才、技术、资金的交流和溢出所产生的促进作用会更加强大，形成了区域性的制造业产业转型升级集聚现象。三种空间权重矩阵下相对房价水平对制造业高端技术产业产值比重和就业人数比重均存在促进作用，当相对房价每上升1个百分点，制造业高端技术产业产值比重分别上升0.159 4、0.139 5、0.015 5个百分点，制造业高端技术产业就业人数比重分别上升0.087 5、0.099 2、0.106 5个百分点。对比表6.10和表6.11，可以发现相对房价波动对劳动力流动产生影响，且相对房价上升对制造业低端技术产业存在挤出效应，而相对房价上升促进制造业高端技术产业相对产值和相对就业率的增加，这间接说明相对房价上涨推动了制造业劳动力流动和制造业产业转型升级。

表6.11 房价波动影响制造业高端技术产业效应的回归结果

	因变量：rout			因变量：remp		
	W_1	W_2	W_3	W_1	W_2（SAR）	W_3
	时空固定	时空固定	地区固定	时空固定	时空固定	地区固定
rw	1.426 9 *** （0.284 9）	1.323 8 *** （0.279 2）	2.050 8 *** （0.270 1）	0.639 4 *** （0.230 8）	0.641 3 *** （0.209 1）	0.732 5 *** （0.218 8）

续表

	因变量：rout			因变量：remp		
	W_1	W_2	W_3	W_1	W_2（SAR）	W_3
	时空固定	时空固定	地区固定	时空固定	时空固定	地区固定
rhp	0.159 4*	0.139 5	0.015 5	0.087 5	0.099 2*	0.106 5
	(0.088 7)	(0.088 0)	(0.090 9)	(0.067 5)	(0.052 4)	(0.065 2)
urb	0.067 1***	0.068 9***	0.065 7***	0.039 9***	0.042 7***	0.037 0***
	(0.009 4)	(0.009 3)	(0.009 6)	(0.007 1)	(0.006 9)	(0.007 2)
ln health	0.044 4	−0.014 7	−0.837 3***	0.023 7	0.103 9	0.071 2
	(0.227 6)	(0.236 7)	(0.162 0)	(0.164 4)	(0.159 6)	(0.167 2)
ln edu_2	0.093 7	0.064 4	0.249 6**	0.117 5	0.114 3	0.129 2
	(0.116 9)	(0.116 1)	(0.113 6)	(0.089 8)	(0.084 5)	(0.087 2)
ln trade	−0.024 8	−0.017 4	−0.007 6	0.063 4**	0.065 0**	0.065 8**
	(0.040 4)	(0.039 9)	(0.032 7)	(0.030 6)	(0.029 6)	(0.031 4)
Spatial Lambda/Rho	0.116 2*	0.078 3*	0.005 8*	−0.089 9	1.019 8***	−0.109 2
	(0.064 2)	(0.046 1)	(0.003 5)	(0.084 7)	(0.295 2)	(0.085 5)
Variance Sigma2_e	0.024 5***	0.024 8***	0.027 7***	0.014 9***	0.013 7***	0.014 8***
	(0.002 0)	(0.002 1)	(0.002 3)	(0.001 2)	(0.001 2)	(0.001 2)
N	290	290	290	290	290	290
Log-Likelihood	125.945 7	124.795 3	108.626 9	198.525 4	204.193 2	198.778 7

注：＊＊＊、＊＊和＊代表显著性水平，其分别表示在1%、5%和10%的显著性水平下显著，括号内值为标准误差。

（4）加入相对房价的二次方项（rhp^2）考察房价波动对劳动力流动、制造业产业转型升级的影响。

在三种权重矩阵下，rhp、rhp^2参数符号一致，rhp的全部系数为正，rhp^2的全部系数为负且通过5%显著性检验（见表6.12），说明我国房地产价格与制造业产业相对产值、制造业产业相对就业率（劳动力流动）呈倒U形库兹涅茨曲线关系，制造业产业相对产值、制造业产业相对就业率（劳动力流动）水平随房价上涨呈先上升后下降趋势。当被解释变量为制造业产业相对产值时，库兹涅茨曲线的拐点值分别为3.074 4、2.800 9、2.650 9；当被解释变量为制造业产业相对就业率时，库兹涅茨曲线的拐点值分别为2.911 2、2.899 8、2.712 4。2015年，北京、上海两地的相对房价分别为3.532 9、3.391，2016年，北京、上海两地的相对房价分别为4.102 2、3.682，已经超出拐点中最大值3.074 4，由此可以判断，北京、上海两地房价与制造业产业转型升级间的关系早已经跨入倒U形曲线的右半边，如果不能有效控制房价上涨，制造业产业的转型升级将受到抑制。北京、上海的房价水平已经大大超出了制造业的承受范围，过高的房价导致城市产生"产业空心化"，不利于地区经济的健康发展。其他控制变量同样对制造业产业转型升级产生冲击。研究结果表明，城镇化率系数为正，在10%水平上显著。由此可见，区域发展不平衡导致的城镇化水平区域差异，在空间上形成了对传统制造业强烈的正向冲击，在一定程度上助推了制造业的转型升级。原因在于城镇化有利于实现农业现代化、工业化和信息化的融合，从而推动传统产业向集约化、循环化、高附加值转变，推动制造业产业层次的提升，是制造业产业转型升级的强大动力。除此之外，教育条件、贸易自由度对我国制造业转型升级的促进作用也不太明显，相关系数没有通过显著性检验，可能原因在于本章在代理指标选取上存在缺陷。医疗条件对数回归结果为正，且在10%水平上显著，表明医疗条件对制造业产业转型升级具有正向的空间溢出效应。医疗条件是吸引人才落户和就业的重要因素，合理的医疗基础设施规划有利于吸引高端人才，有利于形成产业聚集效应，有利于破除区域经济割据，形成合理的区域间产业分工。

表 6.12　加入 rhp^2 的相对房价变化影响劳动力流动、制造业产业转型升级的回归结果

	因变量：$rout$			因变量：$remp$		
	W_1	W_2	W_3	W_1	W_2（SAR）	W_3
	时空固定	时空固定	时空固定	时空固定	时空固定	时空固定
rw	1.045 7*** （0.229 6）	0.947 6*** （0.232 2）	0.872 2*** （0.228 5）	−0.111 3 （0.219 1）	−0.126 8 （0.211 8）	−0.150 3 （0.202 8）
rhp	0.549 7*** （0.195 9）	0.552 9*** （0.206 3）	0.520 1*** （0.201 1）	0.498 4*** （0.188 8）	0.494 7*** （0.187 1）	0.429 1** （0.182 6）
rhp^2	−0.089 4** （0.036 2）	−0.098 7** （0.038 9）	−0.098 1** （0.038 4）	−0.085 6** （0.035 4）	−0.085 3** （0.034 9）	−0.079 1** （0.035 1）
urb	0.026 6*** （0.007 9）	0.029 1*** （0.007 7）	0.032 6*** （0.007 9）	0.010 4 （0.007 1）	0.011 6 （0.007 1）	0.013 4* （0.007 0）
$\ln health$	0.462 0** （0.183 0）	0.396 6** （0.178 5）	0.355 6** （0.177 3）	0.593 1*** （0.164 1）	0.645 6*** （0.163 3）	0.565 6*** （0.156 4）
$\ln edu_2$	0.046 4 （0.097 7）	−0.029 2 （0.094 4）	0.027 7 （0.097 0）	−0.017 4 （0.088 7）	−0.023 5 （0.084 9）	0.022 1 （0.087 1）
$\ln trade$	−0.016 7 （0.032 9）	−0.010 2 （0.032 8）	−0.014 7 （0.031 8）	0.039 3 （0.030 5）	0.036 3 （0.029 9）	0.033 9 （0.028 5）
Spatial Lambda/Rho	0.195 3** （0.083 4）	−0.186 0 （0.253 4）	0.180 1* （0.101 1）	0.022 9 （0.086 5）	−0.465 7* （0.250 2）	0.269 4*** （0.082 8）

续表

	因变量: *rout*			因变量: *remp*		
	W_1	W_2	W_3	W_1	W_2 (SAR)	W_3
	时空固定	时空固定	时空固定	时空固定	时空固定	时空固定
Variance Sigma2_ e	0.016 2*** (0.001 3)	0.016 6*** (0.001 4)	0.016 3*** (0.001 4)	0.014 2*** (0.001 2)	0.013 9*** (0.001 2)	0.013 5*** (0.001 1)
N	290	290	290	290	290	290
Log-Likelihood	185.304 4	182.934 8	184.163 6	205.220 3	207.026 4	210.103 1
曲线形状	倒 U 形	倒 U 形	倒 U 形	倒 U 形	倒 U 形	倒 U 形
拐点	3.074 4	2.800 9	2.650 9	2.911 2	2.899 8	2.712 4

注：＊＊＊、＊＊和＊代表显著性水平，其分别表示在1%、5%和10%的显著性水平下显著，括号内值为标准误差。

（5）加入相对房价与劳动力流动的交互项（*rhp×remp*）考察房价波动对制造业转型升级的间接影响。

劳动力是制造业转型升级发展的供给要素，可以从某一地区的劳动力流动来判断当地制造业发展的繁荣情况，制造业的繁荣发展能够给劳动力带来更多的就业机会，劳动力生产要素的发展将更充分和自由。房价上升会促进劳动力产生流动效应，进而影响到制造业的转型升级，在考察房价波动对制造业转型升级影响时，既要考虑劳动力流动对制造业转型升级产生的直接影响，也要考虑房价波动引起劳动力流动迫使制造业转型升级所产生的间接影响，因此，本节在模型中引入相对房价与制造业相对就业率的交互项（*rhp×remp*）来分析房价波动通过劳动力流动影响制造业转型升级的间接作用。在模型中，分析线性关系和非线性关系，即只有核心变量（没有加入控制变量 *urb*、ln *health*、ln *edu*$_2$、ln *trade*）、加入控制变量（*urb*、ln *health*、ln *edu*$_2$、ln *trade*）时相对房价波动与制造业转型升级的线性关系，并在此基础上分析加入控制变量（*urb*、ln *health*、ln *edu*$_2$、ln *trade*）和相对房价二次方项（*rhp*^{2}）时房价波动与制造业转型升级的非线性关系。相对房价变动通过劳动力流动对制造业转型升级产生间接影响的计量检验结果，如表6.13所示。从表6.13中可以看出，在邻接权重矩阵、地理距离权重矩阵、经济距离权重矩阵作用下，无论是否考虑控制变量，相对房价的系数均为正，且大部分通过了1%的显著性水平检验，即房价上涨有利于促进制造业转型升级。制造业相对就业率（劳动力流动）的系数显著为正，相对房价与劳动力流动的交互项系数为负，且均在1%水平上显著，说明房价波动通过劳动力流动间接阻碍了其对制造业转型升级的提振效应。产生抵消作用的可能原因是房价上涨会增加劳动力的生活成本以及迁移成本，对低端劳动力的影响更为明显，从而限制了低端劳动力的流入，阻碍了地区低端制造业的增长。此外，一些劳动力也会由于这种成本因素而不再愿意跨入高成本的地区就业，他们仍会选择停留在本地区就业，劳动力的自由流动受到了阻碍，从而使得区域间的劳动力转换相对困难。正因为如此，在考虑劳动力流动之后会抵消掉部分房价波动对制造业转型升级的促进作用，也就是说房价波动通过劳动力流动影响制造业转型升级。而相对房价的二次方项在三个矩阵作用下的系数均为负，且都通过显著性水平检验，再一次说明了相对房价变化与制造业转型升级之间呈现一个倒 U 形的非线性关系。

表 6.13　加入 *rhp×remp* 项的相对房价变化影响制造业转型升级的回归结果

	因变量：*rout*								
	W_1			W_2			W_3		
rw	0.719 8*** (0.155 2)	0.238 4 (0.158 3)	0.377 8** (0.167 6)	0.957 7*** (0.146 5)	0.257 2* (0.151 6)	0.385 9** (0.161 1)	0.938 1*** (0.156 7)	0.318 6*** (0.157 0)	0.428 9** (0.167 3)
rhp	0.083 6 (0.063 3)	0.232 1*** (0.063 3)	0.525 3*** (0.144 0)	0.022 0 (0.064 4)	0.224 3*** (0.063 3)	0.512 5*** (0.144 1)	0.035 7 (0.072 2)	0.192 1*** (0.066 5)	0.448 0*** (0.150 9)
remp	1.598 8*** (0.051 3)	1.666 2*** (0.049 5)	1.671 2*** (0.049 2)	1.632 1*** (0.048 2)	1.661 5*** (0.049 3)	1.664 8*** (0.048 9)	1.636 6*** (0.050 1)	1.665 2*** (0.047 1)	1.671 7*** (0.047 4)
rhp×remp	−0.586 2*** (0.037 3)	−0.579 0*** (0.033 9)	−0.599 2*** (0.034 8)	−0.590 0*** (0.037 1)	−0.571 5*** (0.033 9)	−0.591 1*** (0.034 6)	−0.590 1*** (0.037 2)	−0.576 0*** (0.032 6)	−0.595 3*** (0.034 1)
rhp^2			−0.076 0** (0.033 6)			−0.076 2** (0.034 3)			−0.065 6* (0.034 7)
urb		−0.012 7*** (0.003 2)	−0.014 6*** (0.003 2)		−0.013 3*** (0.003 0)	−0.014 9*** (0.003 1)		−0.012 6*** (0.003 1)	−0.014 4*** (0.003 2)
ln *health*		0.405 0*** (0.062 7)	0.415 8*** (0.062 1)		0.447 7*** (0.055 8)	0.467 8*** (0.056 1)		0.417 9*** (0.052 8)	0.435 6*** (0.054 1)
ln *edu*$_2$		−0.416 4*** (0.061 7)	−0.395 9*** (0.061 5)		−0.451 1*** (0.057 6)	−0.438 3*** (0.057 4)		−0.417 0*** (0.057 7)	−0.410 8*** (0.057 6)
ln *trade*		−0.174 3*** (0.033 0)	−0.179 7*** (0.032 8)		−0.174 2*** (0.033 0)	−0.181 7*** (0.032 9)		−0.189 2*** (0.032 7)	−0.188 8*** (0.032 5)
Spatial Lambda/ Rho	0.308 4*** (0.078 8)	0.079 3 (0.092 9)	0.097 4 (0.088 3)	0.068 4 (0.224 3)	−0.267 3 (0.278 0)	−0.306 7 (0.277 9)	−0.044 0 (0.112 6)	0.159 3 (0.105 5)	0.118 1 (0.109 4)
Variance Sigma2_ e	0.079 8*** (0.006 7)	0.063 2*** (0.005 3)	0.062 1*** (0.005 2)	0.085 7*** (0.007 1)	0.063 0*** (0.005 3)	0.061 9*** (0.005 2)	0.085 7*** (0.007 1)	0.062 7*** (0.005 2)	0.062 1*** (0.005 2)
N	290	290	290	290	290	290	290	290	290
R^2	0.940	0.942	0.944	0.941	0.940	0.941	0.941	0.941	0.942

注：＊＊＊、＊＊和＊代表显著性水平，其分别表示在 1%、5% 和 10% 的显著性水平下显著，括号内值为标准误差。

（6）稳健性检验。

表 6.14 为以第 3 章测算的制造业转型升级水平综合指数（*up*）作为制造业相对产值（*rout*）的替代变量的稳健性回归结果。从表 6.14 可以看出，在邻接权重矩阵、地理距离权重矩阵、经济距离权重矩阵作用下，无论是否考虑控制变量，相对房价的系数均为正，且均通过了 10% 的显著性水平检验，即房价上涨有利于促进制造业转型升级。

制造业相对就业率（劳动力流动）的系数显著为正，相对房价与劳动力流动的交互项系数均为负，但部分没有通过 10% 的显著性水平上检验，也可以说明房价波动通过劳动力流动间接阻碍了其对制造业转型升级的提振效应。总之，使用以制造业转型升级水平综合指数（up）作为稳健性检验指标，并没有对本节结论产生实质性改变。

表 6.14　制造业转型升级水平综合指数作为被解释变量的稳健性回归结果

	因变量: up								
	W_1			W_2			W_3		
rw	0.039 8* (0.022 1)	0.021 5 (0.026 0)	0.054 6** (0.026 8)	0.053 1** (0.021 3)	0.047 9** (0.023 4)	0.065 7*** (0.024 6)	0.040 3* (0.023 3)	0.020 6 (0.024 9)	0.053 0** (0.025 9)
rhp	0.053 2*** (0.010 5)	0.021 9** (0.010 3)	0.095 0** (0.023 1)	0.052 7*** (0.009 8)	0.019 8* (0.010 1)	0.074 6*** (0.023 9)	0.049 6*** (0.010 3)	0.020 2* (0.010 3)	0.093 7*** (0.022 9)
$remp$	0.068 3*** (0.007 3)	0.042 7*** (0.008 3)	0.043 4*** (0.008 1)	0.074 5*** (0.007 3)	0.047 5*** (0.007 7)	0.047 4*** (0.007 7)	0.066 3*** (0.007 4)	0.041 6*** (0.008 2)	0.041 8*** (0.008 2)
$rhp \times remp$	−0.011 2* (0.005 9)	−0.001 0 (0.005 8)	−0.005 8 (0.005 9)	−0.016 2*** (0.005 7)	−0.006 0 (0.005 2)	−0.009 1* (0.005 4)	−0.008 3 (0.005 7)	−0.000 7 (0.005 6)	−0.005 1 (0.005 7)
rhp^2			−0.019 2*** (0.005 4)			−0.014 7** (0.005 8)			−0.019 2*** (0.005 4)
urb		0.002 8*** (0.000 5)	0.002 3*** (0.000 5)		0.002 7*** (0.000 5)	0.002 5*** (0.000 5)		0.002 9*** (0.000 5)	0.002 4*** (0.000 5)
$\ln health$		−0.000 6 (0.009 1)	0.004 3 (0.009 0)		−0.006 7 (0.008 5)	−0.002 2 (0.008 7)		0.001 1 (0.009 1)	0.006 8 (0.009 3)
$\ln edu_2$		0.011 2 (0.009 2)	0.014 8 (0.009 0)		0.014 9 (0.009 2)	0.017 2* (0.009 1)		0.011 6 (0.009 1)	0.015 1* (0.009 0)
$\ln trade$		0.020 3*** (0.005 5)	0.018 4*** (0.005 4)		0.023 3*** (0.005 2)	0.020 8*** (0.005 3)		0.018 9*** (0.005 7)	0.016 1*** (0.006 0)
Spatial Lambda/ Rho	−0.127 2 (0.101 6)	−0.023 1 (0.099 0)	−0.008 0 (0.100 6)	−1.013 1*** (0.321 4)	−1.231 2*** (0.317 9)	−0.991 2*** (0.334 2)	0.008 0 (0.109 0)	−0.092 4 (0.122 4)	−0.119 9 (0.129 9)
Variance Sigma2_ e	0.002 0*** (0.000 2)	0.001 7*** (0.000 1)	0.001 6*** (0.000 1)	0.001 9*** (0.000 2)	0.001 5*** (0.000 1)	0.001 5*** (0.000 1)	0.002 0*** (0.000 2)	0.001 7*** (0.000 1)	0.001 6*** (0.000 1)
N	290	290	290	290	290	290	290	290	290
R^2	0.774	0.808	0.814	0.772	0.803	0.810	0.774	0.809	0.815

注：＊＊＊、＊＊和＊代表显著性水平，其分别表示在 1%、5% 和 10% 的显著性水平下显著，括号内值为标准误差。

6.5　本章小结

制造业从低级形态向高级形态转变的过程或趋势就是制造业的转型升级，可以从微观和宏观两方面来看制造业的转型升级。在微观上制造业转型升级表现为企业研发水平和管理模式创新所带来的产品质量和生产效率提高，在宏观上制造业转型升级表现为其发展方式从劳动密集型向资本密集型、知识密集型转变[92]。本章考虑到制造业产业转型升级在我国各区域间存在显著的空间相关性，首次将空间计量方法引入房价波动影响制造业产业转型升级的经验研究中，在控制相对工资、城镇化率、医疗条件、贸易自由度、教育条件等衡量地区宜居性与经济发展能力的因素的前提下，构建空间误差模型和空间滞后模型，设计了邻接、地理距离、经济距离空间权重矩阵，以 2007—2016 年我国 29 个省（自治区、直辖市）的面板数据为例，实证分析地区房价波动对制造业相对产值和制造业相对就业率（劳动力流动）的线性和非线性影响，以及地区房价波动通过影响制造业劳动力流动进而影响地区制造业产业转型升级的线性和非线性影响，并对各影响因素的空间效应进行分解，最终得出如下结论：

其一，制造业相对产值在三种空间权重矩阵下都表现出显著的空间正相关性，制造业相对就业率（劳动力流动）在邻接权重矩阵和经济距离权重矩阵中表现出显著的空间正相关性。

其二，我国房价水平和制造业产业转型升级存在显著的空间相关性，具有高水平区域集中、低水平区域聚集的特点。

其三，相对房价与制造业产业相对产值、制造业相对就业率呈倒 U 形库兹涅茨曲线关系，也就是说相对房价变动对制造业产业相对产值、制造业相对就业率同时具有正效应和负效应，我国整体的房价水平在当前样本范围内已经对制造业产业转型升级产生了极大的空间冲击效应。整体来看，房价上涨显著提升了制造业产业的发展层次，但北京、上海两地房价波动与制造业产业转型升级之间的关系早已经跨入倒 U 形曲线的右边。如果不能有效控制房价上涨，制造业产业的转型升级将受到抑制。

其四，房价上涨在一定程度上使居民的生活成本增加，如对于租房群体来说，房价上涨，房租跟着上升，生活成本必然增加；对于买房的群体来说，购房所需的总额增加，意味着每一个还贷家庭的月供金额也会直接增加，这些都是劳动者必须考虑的因素，促使他们做出有利于自身发展的流动决策。制造业相对就业率的提升，有利于提高制造业相对产值，但房价的上涨最终将导致劳动力的流出；随着劳动力的持续外溢，最终将不利于制造业产业转型升级。

其五，其他控制变量的回归统计结果表明，有些控制变量的影响效应是正向的，有些控制变量的影响效应不明显，如医疗条件、城镇化率对区域制造业产业转型升级的影响效应是正向的，而教育条件、贸易自由度对制造业产业转型升级的影响效应不明显。

7 构建房地产市场发展长效机制、推动制造业转型开放的政策建议

长期以来，巨大的要素成本优势和积极的对外开放让中国成为了世界工厂。然而，因为房价"棘轮效应"的存在，高房价难以在短期内回归到正常合理的水平。房价的上涨增加了劳动力的住房成本，从而加速了劳动力市场的流动。再加上我国人口红利逐渐消失，劳动力要素成本进一步提高。我国目前正处于制造业转型升级的关键期，这些因素都将对我国制造业产业产生深远影响，地理和经济邻近均是空间关联方式的表现，因此，我们必须理顺新时代制造业转型升级的逻辑，要因地制宜、因城制宜制定房价的分类调控政策，即将区域选址因素和经济发展因素纳入制造业转型升级相关政策框架之中，将房价调控目标以及制造业产业布局目标有机结合，通过引导劳动力合理有序地流动，促进制造业产业转型升级，夯实经济发展基石，从根本上解决经济发展不平衡的问题。为此我们将从以下五个方面提出政策建议：

（1）政府要引导房价在合理的范围内波动。

政府应该引导房价在合理的区间内波动，由实证研究可得，房地产价格在一定范围内合理地上涨能促进制造业产业的升级，不仅能淘汰掉一些低产能、低效率的制造业，而且能吸引高效率、高产能的制造业，进而提高区域发展的效率。如果房价上涨的幅度超过了合理的范围，将会淘汰掉低产能的制造业，也会使高效率、高产能的制造业迁出，对制造业产业转型升级产生抑制作用。现阶段房价上涨的幅度过大，已经不可避免地对某些地区的制造业转型升级产生了巨大的负面效应。因此，必须采取各种措施严控房价，抑制房地产泡沫，避免制造业产业空心化。

一是应尽快完成不动产统一登记，推进房地产税立法和实施，把房地产泡沫慢慢挤出。不动产统一登记是实施房产税收政策的重要前提，房产税收政策抬高了房地产投机门槛，导致投资、投机房地产无利可图，从而抑制制造业的资金向房地产行业涌入。二是要建立透明的房地产业信息体系。当前我国房地产信息的透明程度不高，住房空置率数据的收集存在较大的困扰，且各地区统计出的房价与实际的房价偏差甚大，也就是说目前的房地产信息无法反映真实的房地产运行情况。因此，建立透明的房地产行业信息体系能减少消费者对房地产行业的非理性预期，从而避免房价出现螺旋式上涨。三是要优化房地产行业的内部结构，抑制房价过快增长。设定住宅与非住宅、房屋销售和租赁

的合理比例，促进房地产中介服务、物业公司与房地产开发商的协调发展。四是加快房地产行业的立法，依法规范房地产开发、销售、租赁和中介行为，促进房地产市场健康有序发展。

（2）加快建立"多主体供应、多渠道保障、租购并举"的住房制度。

加快建立"多主体供应、多渠道保障、租购并举"的住房制度，通过引导制造业产业之间、区域之间、城乡之间和城市之间的劳动力流动，充分发挥合理有序的劳动力流动对制造业产业发展的集聚和分散效应，进一步助推制造业产业转型升级。根据效用最大化理论，劳动力基于自身效用最大化，在大城市与中小城市之间进行选择。地区间可以通过房价的"筛选"功能，通过劳动力流动这一媒介，逐步转移附加值低的劳动密集型产业，大力发展附加值高的高端制造业和技术密集型产业。最终发达地区大力发展资本密集型等高附加值产业，而相对落后地区则顺利承接劳动密集型产业的转移，实现不同区域、不同发展水平的产业转型升级。所以，对发达的地区制定政策吸引人才，留住制造业高端技术产业发展所需的人员，如通过住房补贴政策、"人才保障房"政策吸引人才；对不发达地区可通过多层次的住房保障体系，为中低收入群体提供保障房，以满足劳动密集型制造业行业从业人员在流入地的住房需求。同时，政府部门应当通过加强交通、医疗、教育等基础设施建设，提供公共产品的供给能力和公共服务能力，消除劳动力地区间的流动障碍，为制造业产业发展吸引和储备人才，从而推动技术进步、产业创新和升级。

（3）制定科学合理的制造业产业空间发展规划。

我国幅员辽阔，区域经济呈现不均衡发展态势，房价水平和制造业产业转型升级水平也存在显著的空间相关性和空间差异性。实证结果显示，我国制造业产业转型升级与房价水平具有高水平区域集中、低水平区域聚集的特点。相邻的区域之间必须把各地的比较优势合理地结合起来，大力整合各种配套资源，努力创造协作有效的制造业产业规划体系，使区域间制造业产业实现优势互补与协同发展。因此，有必要按照合理的产业布局和有序的空间发展要求，制定完善的制造业产业空间发展规划，从而实现制造业产业的区域协调和均衡发展以及产业自发梯度转移。一方面要发挥制造业在国民经济中的基石作用，因地制宜、因城制宜制定和实施差异化的产业发展战略与人才战略。对于东部发达地区，要充分发挥人才和资源的集聚优势，大力推动自主创新，大力发展高技术产业，推动产业结构向高技术、高附加值调整。中部和西部欠发达地区，则要充分发挥房价较低的优势，合理承接产业转移，大力发展特色产业，吸引农村人口到城镇就业，促进产业集聚与城镇化，从而推动产业转型升级。另一方面，各级政府要将房地产行业发展与制造业发展有机集合起来，实现区域协调稳定发展。采取分类调控的房地产政策和制造业产业发展规划，适当补贴制造业企业创新，引导和协助企业进行技术创新和产业转型升级，从而抑制产业资本过度投资于房地产行业，加大对制造业企业的投资。

（4）引导劳动力的合理有序流动，消除劳动力在区域间的流动障碍。

按照效用最大化理论，当区域间劳动力要素可以自由流动时，异质性劳动力将基于自身效用最大化在大城市与中小城市之间进行抉择。对于能够承受高房价的劳动力而言，鉴于大城市多样化的产品选择以及丰富的消费选择，他们会愿意留在大城市。但是，当房价上涨到他们无法承受其带来的生活成本压力时，他们会放弃大城市多样化的产品选择，流向中小城市。尤其是对于低端技术制造业产业的劳动力而言，由于他们工资水平较低，房价的上涨将大幅度增加住房支出在收入中的比重，从而压缩其他消费支出和实际效用水平，他们会率先流向中小城市。对于高端技术的制造业产业劳动力而言，他们的受教育程度和工资水平都相对较高，市场谈判能力和机会把握能力也相对较强，因此他们更愿意留在大城市，追求更高的生活品质，谋求更好的就业机会和个人发展，因此高端技术的制造业产业劳动力依然在大中型城市集聚。劳动力的自由流动，可以带动相关制造企业的迁移，最终实现制造业产业转型升级。因此，要引导劳动力合理有序流动，进一步完善劳动力市场结构，以顺应制造业转型升级的需求。

一方面要消除劳动力自由流动的障碍，实现公平就业，建立健全劳动力市场体系。劳动力自由流动的一个重要保证是经济健康有序地发展，建立健全劳动力市场体系的核心是充分发挥市场在劳动力资源配置中的基础性作用，打破劳动力自由流动的制度壁垒，创造良好的就业市场环境。这就必须要统筹推进户籍制度、劳动保障、土地产权制度等改革，完善劳动保护法律法规，着力消除阻碍劳动力自由流动的各种壁垒，实现公平就业。另一方面要因地制宜，根据当地经济发展水平与产业发展实际，制定符合当地的制造业产业发展政策与人才政策，合理规划当地的人口发展。东部发达地区要应用人才引进政策，大力吸引高技术人才发展先进制造业，保持优势的产业技术领先地位。同时，要大力提升人才服务水平，大力推进社会基本公共服务均等化，保证能够留得住人。对于经济发展水平以及产业转型升级水平相对较低的中西部地区而言，通过职业技术培训和技能训练，提升劳动力自身技能水平，以更好地承接制造业产业转移。同时，还要加大研发与设备投入，提高生产效率，为制造业转型升级奠定良好基础。此外，应当加强与东部发达地区的学习交流和人才交流，保障各层次劳动力能够实现自身的全面发展，进一步促进当地制造业的转型升级。

（5）建设与完善各种基础设施与公共品。

制造业产业的发展与转型升级需要一个良好的环境，需要合理的资源配置，完善的基础设施以及配套的文化、教育、卫生、医疗等公共服务资源。研究结果也表明，城镇化率、医疗条件对区域制造业产业转型升级具有显著正向效应。城镇化的发展蕴含了内需结构的巨大潜力，是我国经济增长的内生动力，对制造业产业结构的调整与升级起到了不容忽视的作用。所以，在尊重城镇化发展客观规律的基础上，要持续加快推进户籍、土地等制度改革，引导城镇化进一步发展。良好的医疗条件，能有效解决就业人员的就医问题，给制造业发展带来健康的环境。要改善医疗条件，增强优质医疗资源供给，提高社会公共医疗服务能力。制造业的转型升级直接依赖于劳动者的受教育程度，在教育领域，要进一步合理优化教育资源配置，加大对职业教育的倾斜力度，大力培养技术技能型职业人才。创新人才培养方式，打破应试教育模式，建立以市场需求为导向的校企、产学研等协同创新合作机制，培养个性化、多样化的制造业产业创新人才，加快人力资本质量和技术创新水平的提高，推动我国制造业产业转型升级发展。还可通过财政和行政手段，推动地区间公共服务均等化，缩小地区间的差异，实现整体区域间的协调发展。对于中西部地区而言，地方政府应当大力构建服务型政府，提高办事效率，简化审批流程与手续，为制造业转型升级创造良好的"软环境"。

参考文献

[1] 李天祥, 苗建军. 房价上涨对国民经济影响的理论分析——基于房地产财富效应传导机制视角 [J]. 软科学, 2011 (2): 57-61, 71.

[2] 林左鸣, 闫妍. 中国房地产市场的困局: 如何让住房 "限购" 与住房投资并行? [J]. 广义虚拟经济研究, 2014, 5 (1): 5-13.

[3] 邓琳, 闫妍, 朱晓武, 等. 基于 agent-based model 的住房市场演化问题研究 [J]. 系统工程理论与实践, 2015, 35 (7): 1708-1716.

[4] 张敦福. 住房的过度市场化及其社会后果——从《论住宅问题》看城市中下层民众的住房消费 [J]. 兰州大学学报 (社会科学版), 2010, 38 (4): 106-113.

[5] 蒋南平. 中国房地产泡沫测度指标的分析与建立 [J]. 当代财经, 2009 (10): 91-98.

[6] Tsai I C, Peng C W, Tsai I C, et al. Bubbles in the Taiwan housing market: the determinants and effects [J]. Habitat International, 2011, 35 (2): 379-390.

[7] 韩克勇, 阮素梅. 中国房地产泡沫测度及成因分析 [J]. 东岳论丛, 2017, 38 (11): 127-136.

[8] 吕铮, 高明. 重庆市房地产市场泡沫测度研究 [J]. 西南师范大学学报 (自然科学版), 2012, 37 (5): 143-151.

[9] Mikhed V, Zemčík P. Testing for Bubbles in housing markets: a panel data approach [J]. Journal of Real Estate Finance & Economics, 2009, 38 (4): 366-386.

[10] 李勇, 张伟, 陈灿平. 房地产估价与房地产金融风险 [J]. 西南民族大学学报 (人文社科版), 2005 (3): 219-222.

[11] 张凤兵, 乔翠霞, 张会芳. "结束" 还是 "延续": 中国房地产市场泡沫测度——基于递归 SADF 与 GSADF 检验 [J]. 统计与信息论坛, 2018, 33 (7): 84-91.

[12] 郑海涛, 郝军章, 林黎, 等. 住房市场泡沫识别的超指数膨胀模型——以京沪各区县房价为例 [J]. 系统工程理论与实践, 2018, 38 (3): 585-593.

[13] 吴冠岑, 王沁颖. 我国大中城市房地产泡沫测度与分化研究——以中国 35 个大中城市为例 [J].

价格理论与实践，2017（5）：53-56.

[14] 况伟大. 中国住房市场存在泡沫吗［J］. 世界经济，2008（12）：3-13.

[15] 张炜. 预期、货币政策与房地产泡沫——来自省际房地产市场的经验验证［J］. 中央财经大学学报，2017（8）：77-90.

[16] 吴福象，姜凤珍. 租售比、房价收入比与房地产市场调控——基于区际差异化市场比较的实证分析［J］. 当代财经，2012（6）：80-88.

[17] Tse R，Y C. Housing price，land supply and revenue from land sales［J］. Urban Studies，1998，35（8）：1377-1392.

[18] Kim J. Housing price hike and price stabilization policy in Korea［A］. Residential welfare and housing policies：the experience and future［C］. Seoul，Korea，2005：356-378.

[19] Lamont O，Stein J C. Leberrage and house-price dynanmics in US cityies［J］. Rand of Economics，1997，30（3）：498-512.

[20] Goodman，Allen C，Kawai，et al. Length-of-residence discounts and rental housing demand：theory and evidence［J］. Land Economics，2010，62（2）：93-105.

[21] 刘希模. 我国房价居高不下的成因及其对策［J］. 经济社会体制比较，2007（2）：105-109.

[22] 李永友. 房价上涨的需求驱动和涟漪效应——兼论我国房价问题的应对策略［J］. 经济学（季刊），2014（2）：443-464.

[23] 鞠方，雷雨亮，周建军. 经济开放度、房地产价格及其空间溢出［J］. 中国软科学，2016（10）：147-158.

[24] 孙继国，董志勇. 城镇化、土地供给与房地产价格：大城市与中小城市的差异比较［J］. 山东大学学报（哲学社会科学版），2017（5）：109-116.

[25] 范新英，张所地. 产业结构对城市房价影响的空间溢出效应研究［J］. 软科学，2018，32（4）：44-48.

[26] 谭本艳，黄婧，向古月. 房企融资杠杆对房价影响的实证分析［J］. 统计与决策，2018，34（6）：173-176.

[27] 杨海珍，向悦，王开阳. 推动中国商品住宅价格的主要因素：时期与城市差异［J］. 系统工程理论与实践，2018，38（9）：2256-2266.

[28] 梁云芳，高铁梅. 中国房地产价格波动区域差异的实证分析［J］. 经济研究，2007（8）：133-142.

[29] 刘金东，杨璇，汪崇金. 高房价、土地财政与房住不炒：房地产税能抑制房价吗？［J］. 现代财经（天津财经大学学报），2019，39（1）：3-15.

[30] 安勇，王拉娣. 财政分权对我国城市房价的影响机理［J］. 上海经济研究，2017（1）：95-

100，118.

[31] Wolff E N. Estimates of household wealth inequality in the US, 1962—1983 [J]. Review of Income and Wealth, 1987, 33 (3)：231-256.

[32] Wolff E N. Changing inequality of wealth [J]. American Economic Review, 1992, 82 (2)：552-558.

[33] Checchi D, Garcı'A-Peñalosa C. Risk and the distribution of human capital [J]. Economics Letters, 2004, 82 (1)：53-61.

[34] 张传勇. 房价与收入分配的内生性及其互动关系 [J]. 统计研究, 2014, 31 (1)：63-69.

[35] 张传勇. 房价波动收入分配效应的区域差异分析——基于中国省际面板数据的实证研究 [J]. 华东师范大学学报（哲学社会科学版）, 2014, 46 (1)：113-120, 155.

[36] 原鹏飞, 魏巍贤. 房地产价格波动经济影响的一般均衡研究 [J]. 管理科学学报, 2012, 15 (3)：30-43.

[37] 原鹏飞, 冯蕾. 经济增长、收入分配与贫富分化——基于 DCGE 模型的房地产价格上涨效应研究 [J]. 经济研究, 2014, 49 (9)：77-90.

[38] 范红忠, 张婷, 李名良. 城市规模、房价与居民收入差距 [J]. 当代财经, 2013 (12)：5-12.

[39] 陆铭, 张航, 梁文泉. 偏向中西部的土地供应如何推升了东部的工资 [J]. 中国社会科学, 2015 (5)：59-83, 204-205.

[40] 陈斌开, 金箫, 欧阳涤非. 住房价格、资源错配与中国工业企业生产率 [J]. 世界经济, 2015, 38 (4)：77-98.

[41] 张巍, 许家云, 杨竺松. 房价、工资与资源配置效率——基于微观家庭数据的实证分析 [J]. 金融研究, 2018 (8)：69-84.

[42] 周利. 高房价、资产负债表效应与城镇居民消费 [J]. 经济科学, 2018 (6)：69-80.

[43] 王子龙, 许箫迪. 房地产市场广义虚拟财富效应测度研究 [J]. 中国工业经济, 2011 (3)：15-25.

[44] 周建军, 孙倩倩, 鞠方. 房价波动、收入差距与消费差距 [J]. 消费经济, 2018, 34 (5)：23-30.

[45] 周华东, 高玲玲. 中国住房"财富效应"之谜——基于中国住房制度改革的检验 [J]. 中国经济问题, 2018 (4)：123-135.

[46] 李春风, 卫国, 李玉双. 预期视角下房价波动与消费的协整关系研究 [J]. 华东经济管理, 2018, 32 (10)：107-113.

[47] 李剑. 房价波动、跨期依赖与居民消费效应——基于 Carroll 的新财富效应测度方法 [J]. 经济与管理评论, 2018, 34 (5)：63-72.

[48] 方齐云, 胡飞. 城市房价与家庭消费支出——基于中国家庭追踪调查数据的实证研究 [J]. 江

西财经大学学报，2018（4）：33-42.

[49] 高春亮，周晓艳. 34 个城市的住宅财富效应：基于 panel data 的实证研究 [J]. 南开经济研究，2007（1）：36-44.

[50] Wang X, Wen Y. Housing prices and the high Chinese saving rate puzzle [J]. China Economic Review，2012, 23（2）：265-283.

[51] Hayashi F. Why is Japan's saving rate so apparently high? [J]. NBER Macroeconomics Annual, 1986（1）：147-210.

[52] Engelhardt G V. House prices and home owner saving behavior [J]. Regional Science and Urban Economics, 1996, 26（3-4）：313-336.

[53] 付文林. 住房消费、收入分配与中国的消费需求不足 [J]. 经济学家，2010（2）：55-60.

[54] 谢洁玉，吴斌珍，李宏彬，等. 中国城市房价与居民消费 [J]. 金融研究，2012（6）：13-27.

[55] 况伟大. 房价变动与中国城市居民消费 [J]. 世界经济，2011, 34（10）：21-34.

[56] 陈彦斌，邱哲圣. 高房价如何影响居民储蓄率和财产不平等 [J]. 经济研究，2011, 46（10）：25-38.

[57] 张建平. 澳门信息业发展与产业转型 [J]. 广东社会科学，1999（4）：18-22.

[58] 刘雪娇. GVC 格局、ODI 逆向技术溢出与制造业升级路径研究 [D]. 北京：对外经济贸易大学，2017.

[59] 张树俊. 转型升级：建构新型产业结构体系路径研究——以江苏省兴化市转变发展方式实践为样本 [J]. 管理学刊，2015, 28（1）：67-71.

[60] 李成刚，杨兵，苗启香. 技术创新与产业结构转型的地区经济增长效应——基于动态空间杜宾模型的实证分析 [J]. 科技进步与对策，2019, 36（6）：33-42.

[61] 安礼伟，张二震. 对外开放与产业结构转型升级：昆山的经验与启示 [J]. 财贸经济，2010（9）：70-74, 138.

[62] 薛继亮. 产业结构转型和劳动力市场调整的微观机理研究：理论与实践 [J]. 上海财经大学学报，2013（1）：66-73.

[63] 高田义，常飞，高斯琪. 青岛海洋经济产业结构转型升级研究——基于科技创新效率的分析与评价 [J]. 管理评论，2018, 30（12）：42-48.

[64] 李丽，黄超. 环渤海地区产业结构转型与经济增长研究 [J]. 统计与决策，2013（12）：142-145.

[65] 颜色，郭凯明，杭静. 需求结构变迁、产业结构转型和生产率提高 [J]. 经济研究，2018, 53（12）：83-96.

[66] 陈德余，汤勇刚，张绍合. 产业结构转型升级、金融科技创新与区域经济发展实证分析 [J]. 科技管理研究，2018, 38（15）：105-110.

［67］ 孙瑜，罗仲伟. 世界城市的城市化与产业转型——基于纽约与北京的比较［J］. 区域经济评论，2015（5）：126-134.

［68］ 王亮，宋周莺，余金艳，等. 资源型城市产业转型战略研究——以克拉玛依为例［J］. 经济地理，2011，31（8）：1277-1282.

［69］ 林木西. 从社会分工制度创新到产业组织结构转型升级——《分工演进、组织创新与经济进步》评介［J］. 经济学动态，2014（3）：156-158.

［70］ 姚智谋，朱乾龙. 企业网络分工与我国产业组织结构转型［J］. 江海学刊，2011（4）：228-233，239.

［71］ 胡立君，郑艳. 劳动力流动与产业组织变化的互动关系研究——以中国汽车产业为例［J］. 中国工业经济，2006（11）：68-75.

［72］ Ernst D. Catching-up crisis and industrial upgrading：evolutionary aspects of technological learning in Korea's electronics industry［J］. Asia Pacific Journal of Management，1998，15（2）：247-283.

［73］ Porter M E. The competitive advantage of notions［J］. Harvard Business Review，1990，68（2）：73-93.

［74］ Gereffi G. A commodity chains framework for analyzing global industries［J］. Institute of Development Studies，1999，8（12）：1-9.

［75］ Gereffi G. International trade and industrial upgrading in the apparel commodity chain［J］. Journal of Internation Economics，1999，48（1）：37-70.

［76］ Humphrey J，Schmitz H. Governance and upgrading：linking industrial cluster and global value chain research［M］. Brighton：Institute of Development Studies，2000.

［77］ Kaplinsky R，Morris M，Readman J. The globalization of product markets and immiserizing growth：lessons from the South African furniture industry［J］. World Development，2002，30（7）：1159-1174.

［78］ Poon S C. Beyond the global production networks：a case of further upgrading of Taiwan's information technology industry［J］. International Journal of Technology and Globalization，2004，1（1）：130-142.

［79］ 李鸿阶. 战后台湾产业结构变化特点与发展趋势［J］. 亚太经济，1987（2）：34-40.

［80］ 吴崇伯. 论东盟国家的产业升级［J］. 亚太经济，1988（1）：26-30.

［81］ 朱卫平，陈林. 产业升级的内涵与模式研究——以广东产业转型升级为例［J］. 经济学家，2011（2）：60-66.

［82］ 田洪川，石美遐. 制造业产业升级对中国就业数量的影响研究［J］. 经济评论，2013（5）：68-78.

［83］ 高波，陈健，邹琳华. 区域房价差异、劳动力流动与产业转型升级［J］. 经济研究，2012（1）：

66-79.

[84] 吴丰华, 刘瑞明. 产业升级与自主创新能力构建——基于中国省际面板数据的实证研究 [J]. 中国工业经济, 2013 (5): 57-69.

[85] 陈羽, 邝国良. "产业升级"的理论内核及研究思路述评 [J]. 改革, 2009 (10): 85-89.

[86] 潘冬青, 尹忠明. 对开放条件下产业升级内涵的再认识 [J]. 管理世界, 2013 (5): 178-179.

[87] 李江涛, 孟元博. 当前产业升级的困境与对策 [J]. 国家行政学院学报, 2008 (5): 81-84, 96.

[88] 李晓阳, 吴彦艳, 王雅林. 基于比较优势和企业能力理论视角的产业升级路径选择研究——以我国汽车产业为例 [J]. 北京交通大学学报 (社会科学版), 2010, 9 (2): 23-27.

[89] 王国平. 产业转型升级规律与中国特色的产业升级道路 [J]. 上海行政学院学报, 2013, 14 (1): 4-15.

[90] 刘仕国, 吴海英, 马涛, 等. 利用全球价值链促进产业升级 [J]. 国际经济评论, 2015 (1): 64-84, 5-6.

[91] 周正, 毛瑞男. 黑龙江省装备制造业转型升级影响因素研究——人口红利的视角 [J]. 哈尔滨商业大学学报 (社会科学版), 2017 (3): 107-117.

[92] 楚永生, 于贞, 王云云. 人口老龄化"倒逼"产业结构升级的动态效应——基于中国 30 个省级制造业面板数据的空间计量分析 [J]. 产经评论, 2017, 8 (6): 22-33.

[93] 阳立高, 刘念念, 柴江艺, 等. 劳动力成本与利润差异对制造业升级的影响研究 [J]. 财经理论与实践, 2016, 37 (2): 112-117.

[94] 李中建, 刘翠霞. 制造业升级中劳动力需求趋势与质量结构研究——基于灰色理论的实证分析 [J]. 工业技术经济, 2015, 34 (2): 117-123.

[95] 阳立高, 龚世豪, 韩峰. 劳动力供给变化影响制造业升级的机理及政策研究 [J]. 科学决策, 2015 (12): 19-41.

[96] 郑江淮, 王成思. 工业化升级中的农村要素流动和收入保障——基于苏州制造业升级与农村劳动力 "返土"、土地集中的理论分析 [J]. 中国农村观察, 2007 (6): 2-13, 52, 80.

[97] 贺正楚, 韩峰, 孙玉磊. 劳动力成本上升对制造业结构升级的影响研究——基于中国制造业细分行业数据的实证分析 [J]. 中国软科学, 2014 (12): 136-147.

[98] 韩凤晶, 石春生. 新兴产业企业动态核心能力构成因素的实证分析——基于中国高端装备制造业上市公司的数据 [J]. 中国软科学, 2010 (12): 166-175.

[99] 孔伟杰. 制造业企业转型升级影响因素研究——基于浙江省制造业企业大样本问卷调查的实证研究 [J]. 管理世界, 2012 (9): 120-131.

[100] 杨树青, 李良臣, 张帆听, 等. 泉州制造业转型升级影响因素及策略研究 [J]. 科技管理研究, 2014, 34 (6): 126-132.

[101] 黄满盈，邓晓虹. 中国工程机械制造业转型升级影响因素研究——基于上市公司的经验证据 [J]. 改革与战略，2013，29（4）：91-97.

[102] 徐常萍，吴敏洁. 环境规制对制造业产业结构升级的影响分析 [J]. 统计与决策，2012（16）：101-102.

[103] 卫平，余奕杉. 环境规制对制造业产业结构升级的影响——基于省级动态面板数据的系统 GMM 分析 [J]. 经济问题探索，2017（9）：144-152.

[104] 原毅军，孙大明. FDI 技术溢出、自主研发与合作研发的比较——基于制造业技术升级的视角 [J]. 科学学研究，2017，35（9）：1334-1347.

[105] 阳立高，李婷，杨华峰，等. FDI 对我国制造业升级的影响研究——基于省级面板数据的实证 [J]. 科学决策，2017（7）：51-67.

[106] 朱玮玮. 双向 FDI 与中国制造业产业结构升级——基于省级动态面板的实证分析 [J]. 兰州财经大学学报，2017，33（1）：110-117.

[107] 洪联英，彭媛，张丽娟. FDI、外包与中国制造业升级陷阱——一个微观生产组织控制视角的分析 [J]. 产业经济研究，2013（5）：10-22.

[108] 周长富，杜宇玮. 代工企业转型升级的影响因素研究——基于昆山制造业企业的问卷调查 [J]. 世界经济研究，2012（7）：23-28+86-88.

[109] 贺正楚. 我国六大类制造产业的年度技术创新：2004—2012 [J]. 社会科学家，2015（6）：15-20.

[110] 潘红玉，邓英，夏智伦. 中国高端装备制造业的技术创新能力：2004—2014 [J]. 经济数学，2016，33（4）：12-21.

[111] 李光明，刘丹玉. 人口老龄化、科技创新与制造业升级研究——基于空间计量模型分析 [J]. 工业技术经济，2018，37（10）：120-128.

[112] 贺正楚，曹德，曹虹剑，等. 中国全球制造业创新中心的建设：科技创新与 GIP 函数的视角 [J]. 科学决策，2018（8）：21-44.

[113] 崔淼，苏敬勤. 中国企业管理创新的驱动力——兼与西方企业的比较 [J]. 科学学研究，2012，30（5）：755-765.

[114] 刘建民，陈霞，吴金光. 湖南省产业转型升级的水平测度及其影响因素的实证分析 [J]. 湖南社会科学，2015（1）：143-147.

[115] 谭晶荣，颜敏霞，邓强，等. 产业转型升级水平测度及劳动生产效率影响因素估测——以长三角地区 16 个城市为例 [J]. 商业经济与管理，2012（5）：72-81.

[116] 王志华，陈圻. 江苏制造业转型升级水平测度与路径选择 [J]. 生态经济，2012（12）：91-96.

[117] 李子伦. 产业结构升级含义及指数构建研究——基于因子分析法的国际比较 [J]. 当代经济科

学，2014，36（1）：89-98，127.

[118] 毛蕴诗，吴瑶. 企业升级路径与分析模式研究 [J]. 中山大学学报（社会科学版），2009，49
（1）：178-186.

[119] 孙理军，严良. 全球价值链上中国制造业转型升级绩效的国际比较 [J]. 宏观经济研究，2016
（1）：73-85.

[120] 秦月，秦可德，徐长乐. 长三角制造业转型升级的粘性机理及其实现路径——基于"微笑曲
线"成因的视角 [J]. 地域研究与开发，2014，33（5）：6-10，26.

[121] 安同信，范跃进，张环. 山东省制造业转型升级的路径研究——日本经验的借鉴 [J]. 东岳论
丛，2012，33（6）：122-126.

[122] 贺正楚，曹德，吴艳. 中国制造业发展质量与国际竞争力的互动路径 [J]. 当代财经，2018
（11）：88-99.

[123] 李金华，李苍舒. 我国制造业升级的路径与行动框架 [J]. 经济经纬，2010（3）：32-36.

[124] 贺正楚，刘亚茹. 集群创新网络、核心企业与轨道交通装备制造业的发展 [J]. 湖南科技大学
学报（社会科学版），2019，22（1）：162-174.

[125] 吴艳，贺正楚，刘亚茹. 对外投资创新、优势产业国际化与轨道交通全产业链海外发展 [J].
经济数学，2018，35（4）：55-62.

[126] 贺正楚，潘红玉. 德国"工业4.0"与"中国制造2025" [J]. 长沙理工大学学报（社会科学
版），2015，30（3）：103-110.

[127] 金青，张忠，陈杰. 基于典型案例的苏南制造业转型升级路径与对策研究 [J]. 科技进步与对
策，2015，32（18）：51-57.

[128] 张舒. 工业先行国产业升级路径的比较分析——以纺织业为例 [J]. 工业技术经济，2014，33
（4）：3-10.

[129] 肖国安，张志彬. 生产性服务业发展对我国工业转型升级的影响：基于城市面板数据的实证分
析 [J]. 中国科技论坛，2012（9）：123-128.

[130] 刘长庚，张磊. 中国经济增长的动力：研究新进展和转换路径 [J]. 财经科学，2017（1）：
123-132.

[131] Rabe B，Taylor M P. Differences in opportunities? Wage，employment and house-price effects on migra-
tion [J]. Oxford Bulletin of Economics and Statistics，2012，74（6）：831-855.

[132] Plantinga A J，Hunt G L，Piguet V. Housing prices and inter-urban migration [J]. Regional Science &
Urban Economics，2013，43（2）：296-306.

[133] Helpman E. The size of regions：topics in public economics [M]. London：Cambridge University
Press，1998.

[134] Monk S. The key worker' problem: the link between employment and housing [A]. Monk S, White-head C. Restructuring housing system: from social to appordable housing [C]. York: York Publishing Services, 2000.

[135] Brakman S, Garretsen H, Schramm M. New economic geography in Germany: testing the Helpman-Hanson Model [J]. Journal of Regional Science, 2004 (44): 437-466.

[136] Hanson G H. Market potential, increasing returns and geographic concentration [J]. Journal of International Economics, 2005, 67 (1): 1-24.

[137] 张平, 张鹏鹏. 房价、劳动力异质性与产业结构升级 [J]. 当代经济科学, 2016, 38 (2): 87-93, 127.

[138] 邬思怡. 房价波动对异质性劳动力流动及产业结构变迁的影响研究 [D]. 南宁: 广西大学, 2017.

[139] 刘志伟. 城市房价、劳动力流动与第三产业发展——基于全国性面板数据的实证分析 [J]. 经济问题, 2013 (8): 44-47, 72.

[140] 席艳玲, 吉生保, 王小艳. 要素相对价格对产业结构调整的倒逼效应分析——基于省际动态面板数据的系统 GMM 估计 [J]. 财贸研究, 2013, 24 (5): 18-24.

[141] 毛璐琪. 住房价格与工业结构调整 [D]. 杭州: 浙江工商大学, 2015.

[142] 陈昌领. 房价水平对制造业升级的影响 [D]. 上海: 上海师范大学, 2017.

[143] 谷卿德, 石薇, 王洪卫. 房地产价格上涨对产业结构升级的影响探析——基于中国 257 个城市的实证研究 [J]. 现代管理科学, 2015 (2): 27-29, 47.

[144] 范剑勇, 邵挺. 房价水平、差异化产品区位分布与城市体系 [J]. 经济研究, 2011, 46 (2): 87-99.

[145] 马子红. 基于成本视角的区际产业转移动因分析 [J]. 财贸经济, 2006 (8): 46-50, 97.

[146] 王珺. 是什么因素直接推动了国内地区间的产业转移 [J]. 学术研究, 2010 (11): 46-51.

[147] 原小能, 唐成伟. 劳动力成本、交易成本与产业结构升级 [J]. 浙江大学学报 (人文社会科学版), 2015, 45 (5): 133-143.

[148] 韩民春, 李根生. 劳动力成本上升与产业发展: 去工业化还是结构升级 [J]. 中国科技论坛, 2015 (5): 48-53.

[149] 刘新争. 比较优势、劳动力流动与产业转移 [J]. 经济学家, 2012 (2): 45-50.

[150] 蔡昉, 王德文, 曲玥. 中国产业升级的大国雁阵模型分析 [J]. 经济研究, 2009, 44 (9): 4-14.

[151] 曲玥. 劳动力成本上升对我国制造业出口和产业升级的影响 [J]. 西部论坛, 2016, 26 (5): 90-99.

［152］ 郭丽. 产业区域转移粘性分析 ［J］. 经济地理, 2009, 29 (3)：395-398.

［153］ 李占国, 孙久文. 我国产业区域转移滞缓的空间经济学解释及其加速途径研究 ［J］. 经济问题, 2011 (1)：27-30, 64.

［154］ 李娅, 伏润民. 为什么东部产业不向西部转移：基于空间经济理论的解释 ［J］. 世界经济, 2010, 33 (8)：59-71.

［155］ Mckinnon R I. Money and capital in economic development ［J］. American Political Science Review, 1973, 68 (4)：1822-1824.

［156］ Shaw E, Shaw E S, Shaw J S, et al. Financial deepening in economic development ［J］. Economic Journal, 1973, 84 (333)：227.

［157］ 刘长庚, 戴克明. 农村金融发展对农村经济增长的"门槛效应"及政策思考 ［J］. 金融经济, 2015 (4)：51-57.

［158］ Levine R. Financial development and economic growth：views and agenda ［J］. Social Science Electronic Publishing, 1997, 35 (2)：688-726.

［159］ Beck T, Levine R, Loayza N. Finance and the sources of growth ［J］. Journal of Financial Economics, 2004, 58 (1)：261-300.

［160］ Levine R. Finance and growth：theory and evidence ［J］. Handbook of Economic Growth, 2005, 1 (2)：865-934.

［161］ 易信, 刘凤良. 金融发展、技术创新与产业结构转型——多部门内生增长理论分析框架 ［J］. 管理世界, 2015 (10)：24-39, 90.

［162］ 龙海明, 吴迪. 金融发展推动产业供给侧结构性改革的路径选择 ［J］. 财经理论与实践, 2018, 39 (4)：18-25.

［163］ 卢万青, 纪祥裕. 城市房价、金融发展与产业结构升级——基于中国地级市面板数据的实证研究 ［J］. 产经评论, 2017, 8 (5)：81-94.

［164］ 潘红玉, 刘亚茹. 房价、金融发展与制造业产业结构升级——基于动态面板的经验分析 ［J］. 财经理论与实践, 2019, 40 (1)：123-128.

［165］ 王健, 张卓. 金融支持对战略性新兴产业发展的影响——基于中国上市公司的实证分析 ［J］. 财经理论与实践, 2015, 36 (4)：62-67.

［166］ 江三良, 胡安琪. 金融业态深化、财政分权与产业结构升级——基于省级面板数据的分析 ［J］. 经济与管理评论, 2018, 34 (5)：42-51.

［167］ 徐俊杰, 汪浩瀚. 长三角地区金融发展与产业结构升级互动关系分析——基于 Geweke 因果分解检验 ［J］. 科技与经济, 2014, 27 (4)：61-65.

［168］ 王立国, 赵婉妤. 我国金融发展与产业结构升级研究 ［J］. 财经问题研究, 2015 (1)：22-29.

[169] 王定祥，吴代红，王小华. 中国金融发展与产业结构优化的实证研究——基于金融资本视角 [J]. 西安交通大学学报（社会科学版），2013，33（5）：1-6，21.

[170] 李雯，王纯峰. 中国金融发展对产业结构的影响——基于271个城市面板数据的实证分析 [J]. 工业技术经济，2018，37（7）：93-99.

[171] 楚尔鸣，何鑫. 金融结构与产业结构的互动机理及实证 [J]. 统计与决策，2016（7）：168-171.

[172] 陶爱萍，徐君超. 金融发展与产业结构升级非线性关系研究——基于门槛模型的实证检验 [J]. 经济经纬，2016，33（2）：84-89.

[173] 龚志民，余龙. 城镇化视角下的产业结构升级与经济增长 [J]. 西安财经学院学报，2016，29（5）：41-47.

[174] 楚尔鸣，曹策. 城镇化、房价与产业结构升级 [J]. 经济问题探索，2018（3）：83-89.

[175] 李鹏，汪玥琦. 区域房价和公共品差异对产业区位选择的影响研究 [J]. 西安电子科技大学学报（社会科学版），2013，23（1）：1-11.

[176] Roback J. Wages, rents, and the quality of life [J]. Journal of Political Economy, 1982, 90（6）：1257-1278.

[177] Tabuchi T. Urban agglomeration and dispersion：a synthesis of Alonso and Krugman [J]. Journal of Urban Economics, 2005, 44（3）：333-351.

[178] Krugman P. Increasing returns and economic geography [J]. Journal of Political Economy, 1991, 99（3）：483-499.

[179] 李剑，臧旭恒. 住房价格波动与中国城镇居民消费行为——基于2004—2011年省际动态面板数据的分析 [J]. 南开经济研究，2015（1）：89-101.

[180] 王凯，庞震. 我国房价上涨对居民消费的影响：财富效应还是挤出效应？[J]. 华东经济管理，2019，33（4）：1-6.

[181] Ncube M, Ndou E. Monetary policy transmission, house prices and consumption [M]. London：Palgrave Macmillan, 2013：43-64.

[182] 祝丹，陈立双. 房价波动对居民消费的传导渠道研究 [J]. 价格月刊，2016（11）：56-63.

[183] 李亮. 房地产市场对消费支出传导效应的文献综述 [J]. 经济理论与经济管理，2010（11）：40-46.

[184] 陈训波，钟大能，李婧. 房价上涨对我国城镇居民消费的影响——基于城镇家庭跟踪调查的研究 [J]. 西南民族大学学报（人文社科版），2017，38（9）：140-145.

[185] 骆祚炎. 城镇居民金融资产与不动产财富效应的比较分析 [J]. 数量经济技术经济研究，2007（11）：56-65.

［186］罗知，张川川．信贷扩张、房地产投资与制造业部门的资源配置效率［J］．金融研究，2015
（7）：60-75.

［187］闫先东，朱迪星．房地产价格上升能拉动经济增长吗——基于中国的实证研究［J］．金融监管
研究，2016（5）：1-30.

［188］王重润，崔寅生．房地产投资挤出效应及其对经济增长的影响［J］．现代财经（天津财经大学
学报），2012，32（9）：41-50.

［189］程博．房价高昂对制造业的挤出效应及其防范［J］．社会科学家，2018（3）：70-76.

［190］黄晨，邱德荣．城镇化和制造业结构升级互动关系研究——基于挤入挤出效应的考察［J］．经
济理论与经济管理，2017（5）：102-112.

［191］张延群．我国房地产投资是否具有挤出效应？——基于I（2）VECM的分析［J］．数理统计与
管理，2016（2）：329-340.

［192］吴海民．资产价格波动、通货膨胀与产业"空心化"——基于我国沿海地区民营工业面板数据
的实证研究［J］．中国工业经济，2012（1）：46-56.

［193］Deng Y, Morck R, Wu J, et al. Monetary and fiscal stimuli, ownership structure, and China's housing
market［R］．National Bureau of Economic Research, 2011.

［194］李畅，谢家智，吴超．房地产投资与制造业：促进效应还是挤出效应——基于非参数逐点回归
的实证分析［J］．金融经济学研究，2013（5）：39-48.

［195］王文春，荣昭．房价上涨对工业企业创新的抑制影响研究［J］．经济学（季刊），2014，13
（2）：465-490.

［196］彭冬冬，杜运苏．高房价抑制了企业的出口吗——来自中国制造业企业的理论与实证分析［J］．
中国经济问题，2016（5）：3-15.

［197］荣昭，王文春．房价上涨和企业进入房地产——基于我国非房地产上市公司数据的研究［J］．
金融研究，2014（4）：158-173.

［198］刘斌，王乃嘉．房价上涨挤压了我国企业的出口能量吗？［J］．财经研究，2016（5）：53-65.

［199］杨天文．房地产业对安徽省经济的关联效应及波及效应研究——基于投入产出模型的实证分析
［J］．农村经济与科技，2018，29（6）：126-129.

［200］张毅，朱琳琳，何静，等．经济转型期我国房地产业的关联效应分析［J］．科技促进发展，
2017，13（4）：218-236.

［201］关高峰，贺根庆．房地产业对海南经济的关联与波及效应研究——基于投入产出模型的实证分
析［J］．中央财经大学学报，2014（2）：106-112.

［202］焦超，曹正勇．房地产业关联效应的实证研究［J］．产业组织评论，2013，7（2）：119-130.

［203］王国军，刘水杏．房地产业对相关产业的带动效应研究［J］．经济研究，2004（8）：38-47.

［204］唐晓华，陈阳，张欣钰. 中国制造业集聚程度演变趋势及时空特征研究［J］. 经济问题探索，2017（5）：172-181.

［205］周启良. 制造业集聚差异与区域房价的形成［J］. 区域经济评论，2015（6）：90-96.

［206］崔凌云. 高房价下山东省制造业集聚的空间效应分析——基于空间面板模型的实证［J］. 财会学习，2016（1）：210-213.

［207］吉亚辉，段荣荣. 生产性服务业与制造业协同集聚的空间计量分析——基于新经济地理学视角［J］. 中国科技论坛，2014（2）：79-84.

［208］盛丰. 生产性服务业集聚与制造业转型升级：机制与经验［J］. 产业经济研究，2014（2）：32-38.

［209］谭锐，赵祥，黄亮雄. 高房价下的制造业转移：城市间还是城市内？［J］. 经济学报，2015（2）：56-75.

［210］齐讴歌，周新生，王满仓. 房价水平、交通成本与产业区位分布关系再考量［J］. 当代经济科学，2012（1）：100-108，128.

［211］Schultz W, Romo R. Dopamine neurons of the monkey midbrain：contingencies of responses to stimuli eliciting immediate behavioral reactions［J］. Journal of Neurophysiology，1990，63（3）：607-624.

［212］Harris J R, Todaro M P. Migration, unemployment and development：a two-sector analysis［J］. The American Economic Review，1970，60（1）：126-142.

［213］Brueckner J K, Zenou Y. Harris-Todaro models with a land market［J］. Regional Science & Urban Economics，1999，29（3）：317-339.

［214］安虎森. 新经济地理学原理［M］. 第二版. 北京：经济科学出版社，2009.

［215］毛丰付，王建生，毛璐琪. 房价水平对区域工业结构调整的影响：促进还是抑制——全国36个大中城市样本的实证检验［J］. 现代财经（天津财经大学学报），2016（6）：89-102，113.

［216］余东华，水冰. 信息技术驱动下的价值链嵌入与制造业转型升级研究［J］. 财贸研究，2017，28（8）：53-62.

［217］Zhang X, Peek W A, Pikas B, et al. The transformation and upgrading of the Chinese manufacturing industry：Based on "German Industry 4. 0"［J］. Journal of Applied Business and Economics，2016，18（5）：97-105.

［218］中国工程院. 中国制造强国发展指数报告［R］. 北京：中国工程院，2016.

［219］彭福扬，左从稳. 我国制造业面临的挑战及应对策略［J］. 湖湘论坛，2015，28（1）：46-49.

［220］何平，陈丹丹，贾喜越. 产业结构优化研究［J］. 统计研究，2014，31（7）：31-37.

［221］季良玉. 技术创新影响中国制造业转型升级的路径研究［D］. 南京：东南大学，2016.

［222］彭冲，李春风，李玉双. 产业结构变迁对经济波动的动态影响研究［J］. 产业经济研究，2013

（3）：91-100.

[223] 干春晖，郑若谷，余典范. 中国产业结构变迁对经济增长和波动的影响 [J]. 经济研究，2011，46（5）：4-16，31.

[224] 傅元海，叶祥松，王展祥. 制造业结构优化的技术进步路径选择——基于动态面板的经验分析 [J]. 中国工业经济，2014（9）：78-90.

[225] 吕明元，尤萌萌. 韩国产业结构变迁对经济增长方式转型的影响——基于能耗碳排放的实证分析 [J]. 世界经济研究，2013（7）：73-80，89.

[226] 张林. 中国双向 FDI、金融发展与产业结构优化 [J]. 世界经济研究，2016（10）：111-124，137.

[227] 梁榜，张建华. 对外经济开放、金融市场发展与制造业结构优化 [J]. 华中科技大学学报（社会科学版），2018，32（4）：89-101.

[228] 王玉燕，汪玲，詹翾翾. 中国工业转型升级效果评价研究 [J]. 工业技术经济，2016，35（7）：130-138.

[229] 陈瑾，何宁. 高质量发展下中国制造业转型升级路径与对策——以装备制造业为例 [J]. 企业经济，2018，37（10）：44-52.

[230] 国务院. 中国制造2025 [R]. 北京：人民出版社，2015.

[231] 岳意定，谢伟峰. 城市工业转型升级发展水平的测度 [J]. 系统工程，2014，32（2）：132-137.

[232] 戴魁早. 中国工业结构的优化与升级：1985—2010 [J]. 数理统计与管理，2014，33（2）：296-304.

[233] 綦良群，李兴杰. 区域装备制造业产业结构升级机理及影响因素研究 [J]. 中国软科学，2011（5）：138-147.

[234] 李慧，平芳芳. 装备制造业产业结构升级程度测量 [J]. 中国科技论坛，2017（2）：80-86.

[235] 李平，王钦，贺俊，等. 中国制造业可持续发展指标体系构建及目标预测 [J]. 中国工业经济，2010（5）：5-15.

[236] 段敏芳，田秉鑫. 制造业转型升级监测指标体系探讨 [J]. 中南民族大学学报（人文社会科学版），2017，37（3）：135-140.

[237] 王福君. 装备制造业内部结构升级的测度指标体系研究——兼评辽宁装备制造业内部结构升级程度 [J]. 财经问题研究，2008（10）：49-53.

[238] 刘丹，王迪，赵蕾，等. "制造强国"评价指标体系构建及初步分析 [J]. 中国工程科学，2015，17（7）：96-107.

[239] 朱高峰，王迪. 当前中国制造业发展情况分析与展望：基于制造强国评价指标体系 [J]. 管理

工程学报，2017，31（4）：1-7.

[240] Yanbing W. R&D and productivity：an empirical study on Chinese manufacturing industry [J]. Economic Research Journal，2006（11）：60-70.

[241] Haiyang Z. Two faces of R&D，activity of FDI and the growth of productivity of domestic manufacturing in China [J]. Economic Research Journal，2005（5）：107-117.

[242] 童健，刘伟，薛景. 环境规制、要素投入结构与工业行业转型升级 [J]. 经济研究，2016，51（7）：43-57.

[243] 蒋伏心，王竹君，白俊红. 环境规制对技术创新影响的双重效应——基于江苏制造业动态面板数据的实证研究 [J]. 中国工业经济，2013（7）：44-55.

[244] 张辽，王俊杰. "两化融合"理论述评及对中国制造业转型升级的启示 [J]. 经济体制改革，2017（3）：123-129.

[245] 李捷，余东华，张明志. 信息技术、全要素生产率与制造业转型升级的动力机制——基于"两部门"论的研究 [J]. 中央财经大学学报，2017（9）：67-78.

[246] 刘吉超，李钢. 信息化的挑战、机遇与中国制造业的应对之路 [J]. 经济研究参考，2014（33）：13-20.

[247] 杨晃，杨朝军. 基于房价收入比的中国城市住宅不动产泡沫测度研究 [J]. 软科学，2015，29（4）：119-123.

[248] 刘松松. 房价对产业结构的影响及国家调控房地产市场政策的分析研究 [D]. 济南：山东大学，2012.

[249] Renaud B. Affordable housing and housing sector performance：The housing price-to-income ratio as summary indicator [Z]. Discussion Paper of University of Hong Kong，1989.

[250] 张川川，贾珅，杨汝岱. "鬼城"下的蜗居：收入不平等与房地产泡沫 [J]. 世界经济，2016，39（2）：120-141.

[251] 张清勇. 房价收入比的起源、算法与应用：基于文献的讨论 [J]. 财贸经济，2011（12）：114-119，135.

[252] 吕江林. 我国城市住房市场泡沫水平的度量 [J]. 经济研究，2010，45（6）：28-41.

[253] Contreras J，Nichols J. Consumption responses to permanent and transitory shocks to house appreciation [R]. Working Papers，Congressional Budget Office，Washington，D. C. 2011.

[254] 鞠方，雷雨亮，周建军. 房价波动、收入水平对住房消费的影响——基于SYS-GMM估计方法的区域差异分析 [J]. 管理科学学报，2017，20（2）：32-42.

[255] 张清勇，年猛. 中国房地产业关联度高、带动力强吗——兼论房地产业的定位 [J]. 财贸经济，2012（10）：123-129.

[256] 王岚，李宏艳. 中国制造业融入全球价值链路径研究——嵌入位置和增值能力的视角 [J]. 中国工业经济，2015（2）：76-88.

[257] 邵朝对，苏丹妮，邓宏图. 房价、土地财政与城市集聚特征：中国式城市发展之路 [J]. 管理世界，2016（2）：19-31，187.

[258] Azadegan A, Wagner S M. Industrial upgrading, exploitative innovations and explorative innovations [J]. International Journal of Production Economics, 2011, 130（1）：54-65.

[259] 单豪杰. 中国资本存量 K 的再估算：1952—2006 年 [J]. 数量经济技术经济研究，2008（10）：17-31.

[260] 赵玉林，裴承晨. 技术创新、产业融合与制造业转型升级 [J]. 科技进步与对策，2019，36（11）：70-76.

[261] 阳立高，龚世豪，韩峰. 劳动力供给变化对制造业结构优化的影响研究 [J]. 财经研究，2017，43（2）：122-134.

[262] 周端明，艾非，胡小文. 我国房地产业对实体经济的掠夺效应——基于多部门动态随机一般均衡模型的模拟分析 [J]. 当代经济研究，2016（11）：62-72，97.

[263] 余静文，王媛，谭静. 房价高增长与企业"低技术锁定"——基于中国工业企业数据库的微观证据 [J]. 上海财经大学学报，2015（5）：44-56.

[264] 张洪，金杰，全诗凡. 房地产投资、经济增长与空间效应——基于 70 个大中城市的空间面板数据实证研究 [J]. 南开经济研究，2014（1）：42-58.

[265] 杨亚平，周泳宏. 成本上升、产业转移与结构升级——基于全国大中城市的实证研究 [J]. 中国工业经济，2013（7）：147-159.

[266] 罗胤晨，谷人旭. 1980—2011 年中国制造业空间集聚格局及其演变趋势 [J]. 经济地理，2014，34（7）：82-89.

[267] Romer P M. Increasing returns and long-run growth [J]. Journal of Political Economy, 1986, 94（5）：1002-1037.

[268] 关爱萍，张宇. 中国制造业产业集聚度的演进态势：1993—2012——基于修正的 E-G 指数 [J]. 产经评论，2015，6（4）：15-27.

[269] 吴穹，仲伟周，张跃胜. 产业结构调整与中国新型城镇化 [J]. 城市发展研究，2018，25（1）：37-47，54.

[270] 王翔. 基于空间计量模型的新型城镇化对制造业结构影响及路径研究 [J]. 经济问题探索，2017（12）：23-30.

[271] 陈恒，侯建，陈伟. 内外部知识源化、非研发对创新绩效影响的空间计量研究——以高技术产业为例 [J]. 科技进步与对策，2018，35（8）：60-69.

［272］郭四代，张华，郭杰，等. 基于空间计量模型的中国环境污染评价及影响因素分析［J］. 生态学杂志，2018，37（2）：471-481.

［273］Anselin L, Bera A K, Florax R, et al. Simple diagnostic tests for spatial dependence ［J］. Regional Science and Urban Economics, 1996, 26（1）：77-104.

［274］Elhorst J P. Spatial econometrics：from cross-sectional data to spatial panels ［M］. Heidelberg：Springer, 2014.

后　记

时维四月，序属孟夏，草木衔恩。文成于夜半，念及吾师、家亲、挚友，思绪万千，遂做此赋以谢之。

吾校湘大，雄踞于伟人故里，汇名师聚英才，滋兰润蕙。有师周公建军，导我于歧路，授吾于光明。正可谓经师易遇，人师难遭。恩师温恭和善，德才兼备，于人循循善诱，苦心孤诣；于事身体力行，以身作则。有师肖公国安，高屋建瓴，桃李不言，下自成蹊。再有师贺公正楚，治学严谨，博古通今，蔚为大家。忆余自壬辰年入长理，幸得拜得先生门下，求学问道，而今六年有余矣。先生之于学术，乃臻忘我之境界。先生之为人，和平大雅，高山仰止。恩师之敦促，使不敢懈怠，得入学术之殿堂。吾不才，蒙先生寸草春晖之恩情，虽结草衔环无以为报矣。

子曰："父母在，不远游。"吾本布衣，出自田园，双亲夙夜操持，外经业务，内操烦务。后问道远行于星城，十年稍归。念双亲鬓白，腰脊渐偻，而外不能光耀门楣表跪乳之恩，内不能事亲尽孝行反哺之义。每念及此，羞愧难当，但祈椿萱并茂，福寿绵长。吾家中长女，求学在外，然双妹会意，解父母之忧，撑门庭之柱，姊妹深情，昭昭若日月之明。有吾郎君，十载相伴，结发为夫妻，恩爱两不疑。

漫漫求学路，正当年少时，风华正茂，得遇金兰之交。同窗之谊，知音之意，互助之恩，溢于言表。分离在即，望江湖路远各自珍重。

恩重而笔短，情深恨言拙，唯寄于片语之间，诚然尽致谢意。有词云：

十载求学苦问道，思无涯，恩难忘。

犹记当年，远行漫且长。

幸遇良师授吾业，传正道，示通途。

今夕万里自逍遥，御长风，斥方遒。

沧笙踏歌，破浪会有时。

愿有好风凭借力，上青云，谱新章。